危機の外交

首相談話、歴史認識、領土問題

東郷和彦

角川新書

はじめに　国民に伝わらない外交危機

ロシア問題からアジア問題へ

太平洋戦争が終わって七〇年がたった。一九四五年一月に生まれた筆者も、七〇歳になった。この七〇年は、世界にとって、日本にとって、自分にとって何だったのか。そういう思いを抱いてこの年を迎える人は、たくさんいるに違いない。そういう数多くの同世代の日本人の一人として、七〇年目の節目に立っての自分なりの思いをここにまとめて出版する機会を得ることになった。

筆者は、一九六八年に外務省に入ってから二〇〇二年に退官するまでの三四年間、仕事の半分をソ連・ロシアとの交渉に費やしてきた。この間、特に八八年にソ連課長になってから欧亜局長を退任するまでの一三年間は歴史の激動期だったと感じる。国際情勢、ソ連の国内情勢、指導者の状況の三つの要因を総合して、交渉の突破口がいつ開いているのか、その時に果断に政策を立案し、日ソ・日ロ関係を動かせるのかを考えつづけてきた。次第にこれらの問題が、単なる職業人としてではなく、自分の人生の目的の一部のようになってきた。

最初の数年、何回かの失敗をした。今大きな裂け目があると感じても、政策の立案の方が旧思考で追いつかない時期があった。自分にはその裂け目と対応策が見えても、その時に政策の責任から外《はず》れていたこともあった。外務省在職中の最後に、自らが学んだすべてをかけて交渉に参画したのが、森喜朗《もりよしろう》首相（当時）とプーチン大統領による〇一年三月のイルクーツク首脳会談だった。その結果は採択されたイルクーツク共同声明と、そこから始まるべき北方領土の帰属問題に関する「併行協議」に体現された。

さて、〇二年に退官してから国際情勢と日本の対応について研究しはじめた時以降、国際問題を研究する筆者の関心は変わってきた。退官後ライデン大学にて研究の道に入った時は、アジアに対する世界の目は圧倒的に中国《ちゅうごく》に向けられていた。外務省時代、いくつかの例外的な時期をのぞいて、アジア問題にかかわる機会の無かった筆者は、自分の世界認識に大きな穴が開いているとの感をぬぐえなかった。

勢い退官後の筆者の関心はアジアに向けられ、四カ月の台湾《たいわん》の淡江《たんこう》大学（〇六年）、韓《かん》国《こく》のソウル国立大学（〇七年）での教鞭《きょうべん》、生まれて初めての上海《シャンハイ》訪問（〇五年）とそれ以来の定期的な中国訪問など、北東アジアの中国・韓国・台湾が最も大きな関心事となっていった。

この間もロシアが筆者の関心事でなくなったことはなかった。また、どの問題を考えるにしても、アメリカの立場を考えずに解を求めることはできなかったし、外務省最後の勤務地となりその直後の二年を過ごしたオランダを始めとするヨーロッパのことも頭を去来した。

しかし、主な関心の対象となったのは東アジアの国際関係であり、その中で圧倒的な関心を持つようになったのは、歴史認識問題と領土問題だった。ライデン大学に籍を置きはじめた〇二年以降、小泉《こいずみ》総理の靖国《やすくに》神社参拝によって日中間の首脳対話が消えつつある状況は、外務省に在籍したものとして、強い懸念を持たないわけにはいかなかった。中国との歴史認識問題への関心は、中国とともに歴史問題について対日批判を続ける韓国に対する関心を深めることになった。

領土問題については、北方領土交渉が外務省におけるライフワークのようなものとなっていた筆者にとって、日本が提起するもう一つの領土問題たる竹島《たけしま》問題が関心事となったことは自然なことだったし、尖閣《せんかく》問題が日中間の中心事項となる〇八年以降、問題への関心は有無を言わせぬものとなっていった。

国民に伝わらない世界が日本政府を見る目

さて、そういう自分なりの勉強を続けてきた結果として、戦後七〇年の日本外交について考えると、本当にいま日本外交は重大な岐路に立たされている。なかでも中国と韓国という、日本の近隣国との政治関係が、戦後七〇年の間で最悪といってもさしつかえない状態にある。

中国との間は、一二年に尖閣問題が「制御不能」に陥って以来、戦後外交で初めて日本は「外交の失敗は戦争になる」と言うところに追い詰められている。にもかかわらず、これに対する国民の危機感はほとんどない。危機感を本当に持つなら、これを減らすための冷静な国益論がもっと出てこなければいけない。しかし巷《ちまた》で見るのは、主な本屋の入り口に平積みになる愛国と嫌中におもねる「右」の出版物であり、「そういう本が売れますから」と言って肩をすくめている出版社の人たちであり、「中国の弱点を突いては溜飲《りゅういん》をさげている」無記名言説が支配するネット空間である。「過剰ナショナリズム」に溺《おぼ》れることをもってよしとする日本の現在の言語空間は、危機感の欠如を表す以外の何物でもない。

韓国との間は、一一年の慰安婦問題についての韓国憲法裁判所の違憲（韓国政府の行動が違憲）判決以来、韓国の「対日恨」の構造的な爆発が続いている。この韓国側の動きに対し日本の国益を確保するためにいかに対処すべきかは、冷静に考量すべき重要課題である。だが、韓国の独善を笑い、その愚かさを軽蔑《けいべつ》する「嫌韓」論図書がこれまた書店入り口に山積みになり、そのような言説がネットの無記名空間を席巻《せっけん》している。

最も恐ろしいのは、そういう中韓への嫌悪と反発が国民レベルで拡大していく過程で、日本をとりまく世界の情報環境が日本に不利になっていることについて、国民レベルにほとんど情報が伝わらないことである。

歴史問題でいま最も日本が考えねばならない難しい問題は、靖国でも慰安婦でもない。一二年の韓国大法院（最高裁）判決に端を発する徴用工問題であり、この問題をめぐって不気味に進行する韓国と中国との連携であることに、何人の日本人が気付いているか。

国際情報戦で過去数年の間に最も決定的に敗北したのが、ワシントンにおける韓国との知的な戦いであることを何人の日本人が知っているか。ブルッキングス研究所やＳＡＩＳなど、ワシントンの世論形成に枢要な影響力を持つ最優秀シンクタンクや大学に、抜群の能力を持つ若手研究者が本国の関係機関からの豊富な資金力をもって「韓国研究センター」をつくる。そこで日本の歴史問題についてアメリカの研究者や新聞記者と丁々発止の論戦を主催するが、そういう会合に日本の研究者の名前がみられないことすらある。

安倍《あべ》政権になってからこういう状況を巻き返すために予算付けが始まり、安倍総理のアメリカ訪問に合わせ、MIT、コロンビア大学、ジョージタウン大学の日本研究のために、約十六億円の拠出をすることが表明された（『読売新聞』五月二日）。時宜を得た企画であるが、対外発信の目玉として宣伝されているのは、ロンドン・ロサンゼルス・サンパウロに設置される「ジャパン・ハウス（仮称）」である（外務省HP）。「ジャパン・ハウス（仮称）」という「箱もの」がいま日本に圧倒的に足りないソフトパワー増進、特に国際的に活躍する若手言論人の育成という本来の広報の基本目標を阻害しないことを祈るのみである。

さらに安倍政権の歴史認識問題は、中韓の問題から米・欧州問題に拡散していることを、何人の日本人が正確に感知しているか。

筆者は、慰安婦問題を女性の人権の問題としてとらえ、謙虚さを基礎に発信してこなかったことが、国際情報戦で日本を追い詰めてしまった過程をなんとか国内に伝えたいと努力してきた。最近ボストンで再会した旧知のアメリカの友人は、ワシントンの言論界では

「道徳的優位に立つ韓国に対し道徳的劣位に立つ日本」というイメージが、当面立ち直れないくらいに行きわたっている旨を語っていた。

日本の道徳的敗北は、ドイツにも飛び火しているようである。英語読みの日本研究者が皆目を通しているNational Bureau of Asian Research（NBR）のネット討論に、四月の上旬、著名なドイツの新聞の特派員が五年の東京勤務を終えて本国に帰る際、日本外国特派員協会の機関誌に掲載された「惜別の記」が投稿された。戦争と歴史認識の問題は、ドイツはドイツとして深刻な問題である。この記者は彼の判断として安倍政権登場以来の歴史認識問題に対する対応に危惧《きぐ》の念を抱き、それを記事にした。これに対し、この新聞記者が所属するドイツの本社を日本の外交官が訪れ、外務省からの異議を伝え、「中国がこの記者の記事を反日宣伝に使っている」との不満を述べた。さらに、このような記事を書くこと自体が「お金が介在していると疑わざるをえない」と述べたというのである。

四月二八日の『朝日新聞』は、当事者すべての実名入りで本件を報道、ドイツ本社を訪れた外交官は「お金をもらっている」云々《うんぬん》について全面否定をした。本当にそうであってほしいと祈るのみである。

だが、痛惜の思いを持って述べれば、若手の日本外交官と国際会議に同席した時に、あまりにもステレオタイプ化した「日本の正義」発言に仰天したことは一回だけではない。いかなる主張も、聞く側の心理を把握したうえで、相手の心に納得させるように言えてこそ、外交の任務が達成されるとは、外交のイロハのはずである。なぜ外交官とは到底言えない水準の若手の発言が続くのか、筆者の世代の外交官は若手に何事を伝え得なかったのか、自責の念に堪えないのである。

しかし、誰に責任があるにせよ、以上の事態は、日本国民と世界の間に極めて危険な情報の分断が起きていることを物語っている。本書をどうしても今書きたいと思った第一の理由は、「七〇周年談話、靖国、尖閣、韓国、ロシア」と言う五つの問題について、中ロのみならず米欧の世論がどのように今の日本を見始めているかについての正確な情報を書かねばならないと思ったからである。

外交と内交──相手国に「五一」を

世界の情報が伝わったとして、次の段階は、それに対して日本はどう対応すべきかと言うことになる。五つの問題に対して日本が採るべきギリギリの政策は何かを考えるときに、どうしても、外交に携わってきた者として言わねばならないことがある。

それは外交と内政との関係についてである。

ここでとりあげた五つの問題の外交的側面をきちんと解決するためには、それぞれについて「日本の国益」をはっきりと表明し、相手側の議論を論破し、我が方主張をできうる限り貫徹すべきことはいうまでもない。

けれども交渉が決着に近づくにつれて最も問題になってくるのは、実は外交ではなく「内交」なのである。ギリギリの局面までこちらの立場を主張した後に、今度は、相手にとってのどうしても譲れない一線がどこにあるかを探り、その結果の「妥協点」を見出《みいだ》さねばならない。焦点は、外交から内政に移る。

こうした事柄を考える時、私には忘れえぬ出来事がある。

太平洋戦争時に外務大臣だった祖父・東郷茂徳《とうごうしげのり》の一人娘である母いせは、外交官だった父文彦《ふみひこ》と結婚しその伴侶《はんりょ》としての人生を送ったが、一九八五年に父が死んだ後、晩年に癌を患い、九七年夏、すでに死の床にあった（注1）。

七月の末、たまたまベッドの脇にいた私に、母は突然、祖父が外交の仕事で何が一番大切だと言っていたのか知っているかと問いかけてきた。

一瞬答えに窮していると、母は「交渉で一番大切なところに来た時、相手に『五一』を譲りこちらは『四九』で満足する気持ちを持つこと」と言った。

その答えは私には意外に思えた。

祖父は、交渉においては不屈の意志と徹底した頑張りを貫き通した人物だった。ノモンハン事件の事後処理に際してはソ連のモロトフ外務人民委員とギリギリの交渉を繰り広げ、太平洋戦争末期には「国体の護持」を唯一の条件として戦争終結を主張し、徹底抗戦を唱える主戦派を粘り強く説得しつづけた。

当惑した私に母は、「外交ではよく、勝ちすぎてはいけない、勝ちすぎるとしこりが残り、いずれ自国にマイナスとなる、だから、普通は五〇対五〇で引き分けることが良いとされているでしょう」と続けた。

それは、よく言われることだった。

「でも、おじいちゃまが言ったことは、もう少し、違うのよ。交渉では、自分の国の、眼の前の利益を唱える人はいっぱいいる。でも、誰かが相手のことも考えて、長い目で自分の国にとって何が一番よいかを考えなくてはいけない。最後のギリギリの時にそれができるのは、相手と直接交渉してきた人なのよ。その人たちが最後に相手に『五一』をあげることを考えながらがんばり通すことによって、長い目で見て一番お国のためになる仕事ができるのよ」

この会話をして数日たって、母は他界した。

それから折に触れ、私は、東郷茂徳にとって「五一を相手に譲り、四九をこちらに残す」ということが何を意味していたのかを考えるようになった。

明らかに、ここでいう「五一対四九」とは、足して二で割るとか、大体半々くらい譲歩するとか、そういうことを意味してはいなかった。私には、母が死の床から述べていたように、それは交渉がギリギリの段階に来た時に、自分の立場だけではなく、相手がどういう立場にたっているかを理解する意思と能力の問題であるように思われた。

結果において、筆者が携わった対ロシア交渉は、外交において十分の成果を出しながら、内交において相手の立場を理解する意思と能力をもてなかったことにより、今日に至るまで結果を出しえていない。

本稿でとりあげた問題は、外務省をやめてから四年がたった二〇〇六年から一〇年の間に書いたり発信したりしてきたものである。いかなる意味でも、日本政府の外交を代弁したものでもないし、外務省との連携に基づいて世界場裏で意見を述べたことでもない。

けれども、過去一〇年、これらの問題の解決策を私なりに考えてきた結果として、五一を相手国に譲る解決がどういう風に見えるかと言うことを、どうしてもここで述べておきたいと思った。それが、外務省に在籍していた間はもちろん、その後も民間の立場からこの問題を考えつづける機会を与えてくださった方々へのせめてもの恩返しであると信ずる。

本書をどうしても今書きたいと思った第二の理由がここにある。

五回の歴史的な機会の喪失を越えて

本書を書きたいと思ったもう一つの理由は、外交におけるタイミングの問題である。外交が、内交とあいまって、良い結果を出すためには、タイミングの問題が決定的に重要である。大きな外交が動く時は、必ずと言ってもよい、それにふさわしい歴史の可能性、すなわち「機会の窓」が開いている。

その時に、果断に動けば、必ず結果が伴ってくる。しかし、もしも果断に動かなければ、「機会の窓」は閉ざされ、いったん閉ざされた「機会の窓」が再び開くには、どんな人力をもってしても、いかんともしがたい。

さて、振り返ってみるとこの一〇年間、ここにとりあげた五つの問題それぞれに、「今こそ機会の窓が開いている」と思ったことがある。外交を仕事としていた外務省時代、

「機会の窓」が開いたと感じた時には、それを活かすべく、筆者なりに全力を尽くした。

外務省退官後のこの一〇年間、日本語で発信をする機会が戻ってきた後、筆者は、自分に見える「機会の窓」だけは正確に書き残しておこうと決心した。「今こそ機会の窓が開いている」とか「千載一遇の機会だ」と言うようなことを若干オーバーなくらい書いてきたように思う。

幸運であったと思うのは、そういう意見を歯に衣《きぬ》を着せずに、世間に公表する機会をえたことである。残念だったのは、「今がその時だ」という思いをもって提言したものが、その通りにはならなかったことである。

だが、そうであればこそ、自分は、この実現されなかった「機会の窓」について、今もう一度それを再録し、検証しなければと考えた。なぜなら、歴史の波は必ず繰り返す。歴史の波に乗っている限り、「機会の窓」は必ずもどってくる。いったんつかみ損ねた可能性をもう一度つかみ直す時にはこちらの「取り分」は小さくなっている。しかし、小さくなっていることと、こちらの「取り分」がゼロになり完敗するのとは違う。対ロシア交渉にしても、〇一年のイルクーツク合意で逸機してから一三年、二〇一三年の安倍・プーチン交渉は再び「機会の窓」が開いた状況を創りだしつつあったのである。

この「五回の逸機」の歴史を知っておくことは、必ずや、これからの外交の参考になるはずである。

本書でとりあげる「五つの機会の窓」は、以下の通りである。

①戦後七〇周年談話：近代日本をいかに総括するか

本書の出版の直後の八月一五日に安倍総理の「戦後七〇周年談話」が発出される。総理がどのように意図されようと、この談話は、戦後七〇年の歴史の総括としての意味をもってくる。正確に言えば、この問題だけは、まだ「機会の窓」が閉ざされたわけではない。筆者は、何としても間違った選択をすることにより、この問題について今開かれている「機会の窓」を閉ざしてほしくないという願いをこめて、この章を書いた。ここでは、これまで書いてきたものの中より、一三年四月に出版した『歴史認識を問い直す――靖国、慰安婦、領土問題』(角川新書)の第四章の引用から書きはじめている。――第一章

②靖国問題：首相参拝停止のモラトリウムの後に

戦後七〇年の歴史の総括は、戦争責任の問題と直結し、その問題は、どうしても靖国問

題と結びつく。筆者は、〇六年、日本の国論が靖国問題について盛り上がったときに、「首相の靖国参拝にモラトリウム（一時停止）を」と主張し、ここには〇六年八月一二日付の『朝日新聞』「靖国と戦犯分祀《ぶんし》：戦争責任の議論こそ必要」を引用している。それからちょうど一〇年、筆者が提案した「モラトリウムの間にやっていただきたいこと」は何もなされないままに日本は過ごした。もうこれまでの「モラトリウム」から抜け出し、新しい行動によって新しい靖国を創りだす時に来ているのではないか。本稿は、「モラトリウム」の終了を目指す自分自身の決意表明でもある。――第二章

③尖閣問題：対中国外交と日本の安全保障

外交的に言えば、靖国問題はほぼ中国問題であり、今の日本の外交と安全保障の最大の問題が、二〇一二年九月以降の尖閣問題となってしまっている。筆者は、まだ尖閣問題に火が付く前に、この問題を中国の歴史問題に飛び火させてはならないという恐怖感をもって、二〇一二年二月に保阪正康《ほさかまさやす》氏と『日本の領土問題――北方四島、竹島、尖閣諸島』を書いた。本章はその引用から始めている。本章では同時に、この問題を考えるために不可欠となった憲法問題を含む日本の安保・防衛問題についても付言している。――第三章

④慰安婦問題と徴用工問題：国交正常化五〇年目の対韓国外交

中国との関係がこれだけ難しくなっているときに、日本が本来大事にしなければいけない戦略的なパートナーとは、隣国である韓国とロシアということになる。しかし、韓国と日本との政治状況は今悲惨なほど悪い。実際両国関係の基礎を壊しかねない最も深刻な問題は、徴用工問題であり、その問題の入り口辺りにまだ解決可能な課題としての慰安婦問題が在るという構造が現出しつつある。竹島問題は日本が提起している領土問題であるだけに、まだ収め方についての知恵がなくもない。筆者は、〇七年四月の日本の最高裁戦後補償の判決の後に、問題をこれ以上こじらせないように道義的観点から解決する千載一遇の可能性があると考え、〇七年五月一七日の『朝日新聞』に「戦後補償判決：和解への新局面が訪れた」を投稿した。本稿はその引用からはじめ、今日本が考えるべき対韓国政策について述べている。――第四章

⑤北方領土問題：ウクライナ危機以後の日ロ関係

もう一つの隣国ロシアとの関係は、一四年二月からのクリミア・ウクライナ問題の爆発

以降、急速に悪化した。筆者は問題勃発時《ぼっぱつじ》から、解決の「具体策」をもち、それを世に問うてきた。一四年の『世界』六月号に「ウクライナの激震と日本外交の岐路」と題して最初の日本語論文を書き、一四年『世界』一〇月号の対談記事で「ウクライナ問題は日本にとって千載一遇の機会です」と述べた。残念ながら、今日までその内容は実行されておらず、日ロ関係を大きく動かす可能性は、今のところ消え去っている。——第五章

なお、本書の記述においては、論点を明確にするため記述を簡素化した箇所もいくつかある。その部分については、各章末に注を付し、仔細《しさい》を述べた拙著を挙げている。関心をもたれた方は、そちらもご参照いただきたい。

注1　東郷いせに関する記述は、拙著『北方領土交渉秘録：失われた五度の機会』（新潮社、二〇〇七年、三八九～三九一ページ）より引用している。

目次

第四章　慰安婦問題と徴用工問題

第五章　北方領土問題

第一章

戦後七〇周年談話

近代日本をいかに総括するか

村山談話の重要性

ドイツが歴史を乗り越えるには、虐殺の性格、東西の分裂、分析的な西欧の精神世界、そのほかたくさんの要因があった。

同様に日本には、責任についての「線引き」の困難さ、統一国家としての条約処理の重要性、包括的な精神風土ほかたくさんの要因があった。

そういう中で、いくたの煩悶《はんもん》を経ながら「村山談話」が形となり、ようやく世界の中に、いずれの国もやれなかった時代を先取りしたものとしての評価を得るための努力が始まり、また、日本的霊性に裏打ちされた思想としての理解をえられるかもしれない、そのときに、その意義を自ら砕くとしたら、誠に残念なことだと、私は考える。

村山談話によって明らかになってきていることをもう一回考え、その立場を強めていくことにこそ、これからの日本が考えるべき方向性、考えを深めていく指針があるのではないだろうか。

拙著『歴史認識を問い直す』(角川新書、二〇一三年、一四六ページ)

歴史問題の意味

戦後七〇年がたって「歴史問題」がなぜいまだに解決されていない問題として議論の対象となるのか。国内においても非常に感情的な問題となり、国際社会でもいわば日本問題として繰り返し指摘される。この問題は、端的に言えば、先の大戦は何であったかという問題に帰着する。同時に、七〇年の戦後日本の在り方は何であったかというもう一つの問題に逢着《ほうちゃく》する。

それでは戦後日本人はこの問題に無頓着《むとんちゃく》で何も考えてこなかったかといえば、まったくそうではない。最近に至っても日本の有力な月刊誌『文藝春秋』に毎月と言ってもよいくらいとりあげられるテーマは、「先の大戦」が日本にとって何であったかというものである。さらに歴史学の方法と対象は大きく変化し、新資料の発掘が進んでいる。戦後作られていた歴史理解とずいぶん違った史実が登場し、それは時に我々の既存の見方に根本的な反省を迫るところがある。

けれども戦前戦後のそういう様々な経緯を踏まえてなお、歴史問題についての現下の左右の対立は、もう克服しなければいけない。そうして、大まかな日本人としてのコンセンサスを基礎に、世界との関係でも和解の基礎となる立場を打ち出し、すぐに和解は実現されなくとも、徐々に日本をとりまく世界政治の焦点からこの問題を外していかねばならない。それが日本の国益である。

左右と言う言葉を、必ずしも厳密に定義せずに使うことをお許しいただきたい。国内政治的、あるいは、論壇風にも厳密な定義をここで試みている余裕がない。普段新聞やテレビといったマスメディアで使われているような、左派と右派と言う言葉でご理解いただければと思う。

「台形史観」としての近代日本

問題の根幹に、明治以降、先の大戦に至る日本の歴史は何であったかと言う問いがある以上、まず、これについての見方を示さねばならない。

明治以降、先の大戦にいたる日本の歩みを解りやすく言えば、「台形史観」になる。それは、明治維新（一八六八年）を起点として、近代の日本は上昇しはじめ、約四〇年たらずの日露戦争の勝利（一九〇五年）をもってその上昇の目標を達成した。それから約二〇年あまり日本はいくつかの選択の間を揺れ動くが、満州《まんしゅう》事変（一九三一年）を起点として、いわゆる「一五年戦争」の時期を経て敗戦（一九四五年）に至り、結局、明治以降蓄積してきたものをほぼすべて失ったということである。

問題が若干複雑になるのは、この最後の一五年が台形の下降線となったことは否定できないとしても、当時の日本のいかなるリーダーも、下降することを目指して政策を実施した人は一人もいなかったという事実に起因する。新たなる上昇に向かって日本を動かさねばならないと考えて行動したにもかかわらず、そのどこかで政策を間違えたがゆえに、結局蓄積したもののほとんどすべてを失った。

さらにもう一つ、当時の日本人の多数は、戦局の不利が本土空襲を始めとして各所で明らかになっていくにもかかわらず、大義を信じて戦いを続けており、八月一五日の終戦は、いわば突然天から降ってきたもののように受け止めたという事実がある。大義のための歴史の頂点から一瞬にして歴史の底辺に叩《たた》き落とされたことの落差の中から、戦後七〇年の日本人の魂の遍歴が始まったように見える。

明治維新から日露戦争まで

一九世紀のなかば、東アジアは、欧米列強の進出に遭遇した。その中で、日本のみがこれに抗して勝ち残り、当時の列強に伍《ご》す一流国となり、中国はアヘン戦争を起点とする「世紀の屈辱」の中におち、韓国は、日本帝国の一部となった。なぜ日本のみが欧米と肩を並べるまでに成功し、中国と韓国が失敗したのか。

明治の成功の要因は、江戸という時代が持っていた力の延長で考えねばならない。士農工商という横割りと、幕府を頂点とする藩のアイデンティティという縦割り社会の安定性、そこから生まれた二六〇年の平和、そこから生まれた富と文化の蓄積、その終局期に幕府と雄藩の間に分散された力の均衡と指導者たちのもった情報・判断・実行力。それが、維新の原動力となった。

同時に、体制の転換は、激動の時でもあった。「尊王攘夷《じょうい》」は、列強の強圧に面した時の自然な反応であったが、それが薩摩と長州の列強との戦いにおける敗北と幕府の長州征伐の失敗により、「尊王」を軸とする大政奉還に至った明治の指導者の決断は、やはり驚異的だったと言わねばならない。

その後の政策は、言わばなすべきものがなされた典型のように見える。時代の目標は、「富国強兵」と「脱亜入欧」に集約されていく。外交面では、江戸末期に締結した不平等条約の改正と国境線の画定が課題となるが、実質的には、大陸に対する日本の立ち位置を徹底したリアリズムを基礎に確定することが、この時代の最も緊要な戦略的課題となった。

一八七一〜七三年に外務卿《きょう》を務めた副島種臣《そえじまたねおみ》は、朝鮮《ちょうせん》半島と台湾を勢力下におさえて、「半月形」に清《しん》国に迫る策を立てた。最初の台湾出兵は七四年、征韓論を唱えた西郷隆盛《さいごうたかもり》を中央政府から排した明治六年政変（七三年）の三年後には日朝修好条規（江華条約）をもって韓国の開国を迫った。ここから後は、東学党の乱を機として参謀本部との連携の下に行われた陸奥宗光《むつむねみつ》の絶妙な外交指導による日清戦争の勝利まで、日本外交の展開は淀《よど》みがない。

日清戦争で得た遼東《リアオトン》半島を三国干渉により返還せざるを得ない事態に陥ったことは、政府のリアリズムを一層強化することとなった。大陸においてすぐに浮上したのはロシアである。明治政府は、臥薪嘗胆《がしんしょうたん》による軍事力の拡大と日英同盟による外交力の強化を図りつつ、満韓交換と満韓一体との間を模索するが、鴨緑江《おうりょっこう》を越えた韓国領内へのロシアの基地建設をもって対露開戦、一九〇五年、米国セオドア・ローズヴェルト大統領の支援をうけてポーツマス条約をもって劇的な終戦を迎えた。

ここまでの日本史は、明治維新以降の国家上昇の物語であり、司馬遼太郎《しばりょうたろう》の『坂の上の雲』の語る国民の叙事詩である。アジア政策について別の策を主張した人たちがいなかったわけではない。樽井藤吉《たるいとうきち》の『大東合邦論』（一八九三年）、岡倉天心《おかくらてんしん》の『東洋の理想』（英語原文一九〇三年）はその典型であろう。しかし、民間におけるこのアジア主義は政府が採用することにはならなかった。

さてこの歴史を中国と韓国の側から見た時に何が映るのだろう。清においても李氏《りし》朝鮮においても、結局のところ、時代の変化に適応した改革を実施できなかったことは否定のしようがない。光緒帝《こうしょてい》（在位一八七五～〇八年）と高宗《こうそう》（在位一八六三～一九〇七年）という明治天皇とほぼ同時期の主君をいただき、「扶清滅洋」（一九〇〇年の義和団《ぎわだん》）、「衛正斥邪」（一八六〇年代の大院君《だいいんくん》）という「尊王攘夷」に類した対応をしながら、結局、東アジアをとりまく列強の力に抗す術《すべ》がなかったことを示している。

中国・韓国から見れば、戊戌《ぼじゅつ》の変法（一八九八年）にしても、甲申の変（一八八四年）にしても、明治の日本にならった改革を志向する明確な方向性がありながら、結局国としては、中国は日清戦争の敗北と台湾の割譲により、韓国は日本からの開国圧力とその圧倒的な影響力の拡大により成功の日の目を見なかった。結果、今日に至る「反日」の土壌がこの時期から育《はぐく》まれたといえよう。

日露戦争から満州事変まで

日露戦争に勝利した時点での日本人の高揚感は想像に余りある。ここからしばらくの間、日本は到達した丘の上に広がった平原を前にして、様々な政策の間を揺れ動いたのではないか。

戦後の東アジア世界は大きく変容する。列強の植民地分割とパワーポリティックスに参画した日本は、韓国併合（一九一〇年）に帰結する朝鮮半島への浸透を図るとともに、桂《かつら》・ハリマン協定の廃棄を端緒として満州に対するアメリカの権益の拡大阻止に舵《かじ》を取る。

かくて、南満州を日本が北満州をロシアがその勢力圏の下に置くという相互の利益範囲の確定を求めて四次の日露協商に進む。さらに、日露戦争に勝利した日本の強大さは、カリフォルニア州における日本人移民の排斥と土地所有の制限、禁止と、日本を仮想敵国とする最初の軍事作戦（オレンジプラン）の策定を呼び、太平洋をはさむ日米の緊張が高まることとなった。

他方清朝は、辛亥《しんがい》革命（一九一一年）によって翌一二年に崩壊。しかし革命を主導し南《ナン》京《キン》にて旗揚げした孫文《そんぶん》は国内を統一する力はなく、新中華民国《ちゅうかみんこく》の大総統には、河南《かなん》に隠遁《いんとん》していた袁世凱《えんせいがい》が就任、一六年死去まで袁世凱の時代が続いた。

この間一四年に勃発《ぼっぱつ》した第一次世界大戦は「大正の天佑《てんゆう》」をもたらし、日本はドイツの山東《さんとう》権益（鉄道及び鉱山）を接収する一方、山東権益を含む広範な利権を袁世凱政権への「二一カ条要求」として受諾を迫った。だが、パリ講和会議における山東権益の日本による継受承認は、利権の直接還付を要求する中国の猛反発を買い、国権回収のナショナリズムを盛り上げ、五・四運動（一九一九年）の展開につながった。

この動きにもう一つ転機を与えたのがロシア革命（一九一七年）である。四次の日露協商に基づく日ロの提携は終わりを告げ、一八年八月日本は米国との共同出兵に踏み切り、米国が想定した限定出兵の規模をはるかに上回る七万の兵力をシベリアに派遣した。そしてニコラエフスクにおける邦人虐殺事件もあり、米国撤兵以後も自衛出兵として居残り、列強の中で最後まで駐兵を続けることとなった。

国家間の利害が一挙に錯綜《さくそう》しはじめた状況下で、二一～二二年のワシントン会議によって、アメリカ主導の一つの方向性が現れ、日本もまたここからしばらくの間、この流れについていくこととなった。ワシントン会議は、海軍軍縮、日英同盟の廃棄と四か国条約の締結、九か国条約に基づく中国の独立と領土保全、門戸開放、機会均等の約束の三点を軸とする。軍縮については加藤友三郎《かとうともさぶろう》海相による「米英日五・五・三」提案受諾が、外交に関しては幣原喜重郎《しではらきじゅうろう》全権の判断が大きな役割を果たしたとされている。さらに会議場外において、山東におけるドイツ権益の放棄、ニコラエフスク事件の保障占領としての北樺太《からふと》への駐兵を除くシベリアからの撤兵という、第一次世界大戦とロシア革命から積み残した案件を片づけたのである。

これからしばらくの間日本外交、とりわけ対中国外交は、外務大臣となった幣原の考えを基調とし、国際協調主義・経済外交中心主義・内政不干渉の三原則を軸に進められることとなる。

だが相手となった中国はこの間甚だしい混乱が続いた。北京《ペキン》は満州系の軍閥張作霖《ちょうさくりん》が支配、二一年にソ連の支援を受けた中国共産党が成立、広東《カントン》に陣をとった孫文は二四年「北伐」を宣言し共産党との提携を実施（第一次国共合作）。しかし、二五年の孫文死去の後、その後継者となった蔣介石《しょうかいせき》は共産党の殲滅《せんめつ》に舵を取り（安内攘外）、二八年の北京を最後に北伐を完成、南京を首都とする中華民国を樹立することによって、形の上での統一を回復した。国民党、共産党、軍閥の力が割拠する不安定な中国に対し、幣原三原則が有効な政策であったかについては各種の議論がある。

満州事変から太平洋戦争へ

そうした状況下で発生した一九二九年の世界恐慌は、帝国主義列強をいずれも閉鎖的経済圏の樹立へと進めることとなった。

大正一五年、昭和元年、一九二六年以降、世界恐慌を発端とする世界的混乱に対処するところから始まった「昭和の戦争」には様々な見方があるが、私としては、以下の特徴は否定できないものがあるように見える。

①各事変や戦いは、相互の連鎖があり、一連の流れを形成していること

②しかし、昭和の戦争全体を統括し、見通すようなビジョンや戦略が存在していたわけではなく、むしろ一つ一つの行動は様々な議論と力関係によって左右され、連鎖はあくまで、そうした行動の積み重ねの結果であること

③そうした日本の行動の中には、外国勢力が日本を戦いに誘引したことに日本が応じたことによって起きた部分もあったこと

④しかし、結果として日本は、満州から北支へ、北支から南シナへ、南シナから北部仏印へ、北部仏印から南部仏印へ、そして対米英蘭戦争へじりじりとその戦線を拡大したこと

⑤対米英蘭戦争では最初の半年の間、帝国陸海軍は無敵であり、ハワイ以西の制海権と東

南アジア全域を治める広大な版図を確保したが、開戦後わずか半年のミッドウェー海戦で明治以降初めて壊滅的な敗北を喫し、結局それ以降一度も立ち直る機会をもたずに敗戦まで突き進んでしまったこと

以上の事態は否定のしようがない。

この明治以降蓄積したもののほとんどを失った敗戦に至った以上、誰かがどこかで間違えたという側面は否めない。問題の性格を理解するために、例えば対外国策の決定という観点から、日米開戦までの一〇年間について、いくつかの分岐点や争点を例示してみたい。

・満州事変の絵図面を書いたとされる石原莞爾《いしはらかんじ》が事変後の三五年に大本営にもどり、作戦部長として北支事変（盧溝橋《ろこうきょう》事件）に遭遇したとき、戦線の拡大に強く反対したのはなぜか。

・北支事変勃発後、外務省幹部の多くが広田《ひろた》外相に派兵はすべきでないと意見具申し、外相も同意見でありながら、閣議は結局、華北《かほく》派兵と内地師団の動員に決したのはなぜか。

・外務省や海軍首脳の中に、ナチスドイツとの提携に対する強い反対があったにもかかわらず、なぜ三国同盟（四〇年九月）に至ってしまったのか。

・ドイツのポーランド侵攻（三九年九月）によって始まった欧州大戦は、電撃的なフラン

ス侵攻によって一挙にドイツに有利に展開（四〇年五月）するが、この勝利に幻惑されたことが三国同盟につながったのか。それとも、松岡《まつおか》外相の特別の米国観が影響したのか。

・日米交渉の発端となった日米諒解《りょうかい》案（四一年四月）を生かすために、松岡外相を説得する術はなかったのか。

・独ソ開戦（四一年六月）後の国策再検討のための最高会議によって、なぜ南部仏印進駐という選択がなされたのか。

以上が日本から見た昭和の戦争であるが、それではこの戦争はまず中国にとってどのような意味をもったか。

中国から出てくる見解は、今の時点で歴史をどうみるかによって規定されているが、にもかかわらず、概《おおむね》ね以下のような状況は推察できるのではないか。

満州が漢民族の支配していた場所と違う満州族の住んだ場所であり、その満州族が中原を支配する最後の王朝を創っていたことを考えるなら、関東軍が緻密《ちみつ》な計画の下に傀儡《かいらい》政権を満州に創り上げたことが、漢民族を中心とする中国人の怒りをも買ったことは理解できる。

しかし現実には、満州事変のさなかの中国は、毛沢東《もうたくとう》主導の、紅軍による囲剿《いそう》戦（三〇

〜三三年）、長征（三四〜三六年）と、安内壌外を優先目標とする蔣介石の国民党軍との激しい内戦が続いていたのである。ようやく西安《せいあん》事件（三六年一二月）を契機として三七年九月、第二次国共合作が成立する。しかし、三七年七月に始まる本格的な対日抗戦下にあっても「一致抗日」とはほど遠かった。蔣介石の南京放棄による重慶《じゅうけい》遷都（三七年一二月）後の、国民党内部の中国の将来をめぐる主導権争いの側面を持つ汪兆銘《おうちょうめい》政権の成立（四〇年）や国共再衝突（四一年）などは、中国内部の政治状況の複雑さを語ってあまりある。

けれども重慶に政権を移した蔣介石が、東条《とうじょう》内閣の下での最後の日米交渉において暫定協定案（日本側の乙案）を壊すために効果的に動いたことはよく知られるところである。対米英蘭戦争勃発後は、大陸戦線は膠着《こうちゃく》状態に陥ったとはいえ、国民党軍は中南部で戦闘を継続し、北部山岳地帯に位置する共産党軍は北部で激しい抗日ゲリラ戦を戦い、主要連合国の一員としての中国は、第二次世界大戦における連合国の勝利に大きな役割を果たすのである。

この間、南京事件を含め中国戦場でどのような日本軍による非違行為や残虐行為が行われたかを検証し、厳密に挙証することはなおも困難であるが、研究は着実に進展している。

韓国に関していえば、一九一〇年以降の韓国は日本帝国の一部として存続したと言う歴史があり、日本の植民統治の本質は何であったかという問いに帰結する。定説は、初期の武断統治、中期の文化統治、総力戦に傾斜する時代の皇民化という統治政策の変遷があったこと、その間に、そうじて韓国の近代化を進める投資と制度の創設があったこと、同時に、一部日本人による蔑視《べっし》に起因する非違行為や収奪も少なくなかった。

その結果として、韓国人の中に半端でない以下のような「恨」が蓄積した。

①民族の屈辱感。華夷《かい》秩序で自分より低位のものから支配された記憶

②裏切り。韓国の「独立の保障」を目的に始まった日露戦争からわずか五年後の韓国併合

③併合前及び併合初期における武断的政策や弾圧

④皇民化。一九三〇年代後半以降、韓国人をもって日本人としようとしたこと

⑤皇民化が一定程度浸透したこと、韓国人でありながら日本国籍であったことから日本兵として対米戦争を共に戦ってしまうというおぞましい記憶を持つに至ったこと

アメリカについては、多数の米国知識人の見解は、以下のようなものである。アメリカ帝国主義が南北戦争、西部開拓を経て太平洋にその権益を拡大し、一八九八年の米西戦争によってハワイとフィリピンを併合したことは歴史的事実として受け入れられている。し

かし、アメリカのその後の主要権益は中国に対する経済権益の獲得に主眼が置かれ、これがワシントン会議における中国の独立と領土保全、門戸開放、機会均等政策の基調となった。このことが、同じ帝国主義としての立場にありながら、自らを中国の主権尊重の代弁者であり日本の中国の軍事行動を侵略とみなす正当なる根拠を与えたのである。

占領・憲法・東京裁判・サンフランシスコ平和条約

敗戦によって日本は、民族として一度も経験をしたことのない、米軍を中心とする連合軍の占領という七年の期間を経ることとなった。

この当時、多くの日本人の中には、なぜ、このような負け方をしたのか、もうこのような結果になる戦いは嫌だ、これからは、「平和」の国として生きていきたいという疑問と希求が生まれた。また、このような戦争指導をした上からの絶対的な指令制度はかなわない、「もう少し血の通った制度にしてほしい」という思いも吹き返したのではないか。何よりも、廃墟《はいきょ》と化した都市と、六七〇万人にも及ぶ外地からの引き揚げ者や復員軍人を引き受けて、その日その日を生き、働き、「経済を再建する」という圧倒的な課題が目の前にあった。最後に、戦前からの日本の継続として、「天皇制」があったのである。

一方米軍の占領政策は、占領初期、日本を民主主義の「ひな型」に変え二度と米国の脅威とならない国に改造するという目的から、占領後期には、アジアの冷戦の波をうけて、反共の担い手として強い日本を復興させようという目的への転換はあった。けれども、大筋において「平和」で「民主的」で「経済復興」をなしとげ、統治の便宜として「天皇制」を維持する日本の姿は、米軍の占領目的の太宗となったのである。

その占領期の最初の二年の間に、占領軍はまず米国と戦った日本に決着をつけようとした。その一つが新しい価値を満載した統治の基本としての日本国憲法の制定（一九四六年一一月制定、四七年五月施行）であり、もう一つが、戦争犯罪人を裁く国際軍事裁判（戦犯裁判）であった。国際裁判はアジア各地で行われたが、とりわけ、指導者を裁く東京裁判（四六年五月から四八年一一月）が重要であった。占領は、こうした新しい体制を国際社会によって承認させるサンフランシスコ平和条約（五一年九月署名、五二年四月発効）によって終わった。

占領政策と当時の日本人が求めたことがおおむね調和的であったとはいえ、敗戦と占領と言う激動は、日本の中に様々な緊張・矛盾・価値の分裂を残した。その根源は、占領初期に起因するものであり、その一つが憲法九条を軸とする平和の問題であり、もう一つが東京裁判を軸とする歴史の問題だった。戦後日本人の魂の彷徨《ほうこう》は、こうした背景の下で、平和と歴史の二つの問題をめぐって発生し、いまだに続いているというのが現実である。

昭和の終焉ののちに到達した左右の均衡

戦後日本の魂の彷徨がいまだに続いているといっても、その間、日本人は何もしてこなかったのか。そうではない。戦後史は、この相克をめぐって展開され、昭和の終焉《しゅうえん》と平成の冒頭の時点で、それなりの結論をえるにいたった。

右派からの観点にたてば、東京裁判判決に対する違和感は、独立を回復した一九五二年からいくつかの形で顕在化していった。日本は、サンフランシスコ平和条約第一一条によって「極東軍事裁判所並びに日本国内及び国外の他の連合国戦争裁判所法廷の裁判（英語正文 judgments）を受諾し」た。通常は「判決」と訳される judgments がなぜ「裁判」という言葉によって訳されたのか、右条文の後に続く「かつ、日本国で拘禁されている日本国民にこれらの法廷が課した刑を執行する」という条文との関係は何か、などについて法的にも政治的にもさまざまな議論が提起されている。しかし、東京裁判についてどのような異見をもったにしても、サンフランシスコ平和条約によってこの裁判ないし判決を受け入れた以上、判決に対する異議申し立てを公の形で提起はしないという政策は政府にも国民にも浸透した。

しかしながら、東京裁判で日本が断罪された平和に対する罪（侵略の罪）は「事後法」であり、東京裁判は戦争で勝利した側の罪は一切裁かれない「勝者の正義」であるという反論は、裁判自体の中の弁護側議論の中で明確に述べられた。

さらに政府は、国際法上判決に対しての異議申し立てには踏み込まなかったが、国内法上これらの受刑者を犯罪者として扱わず、処刑された人を法務死として扱った。この点は、共産党を除くすべての党のコンセンサスとして立法されていった。戦犯者の靖国神社への合祀《ごうし》もその流れで行われたのである。

戦争の姿をもう一度あるがままに見直そうという思想的な流れは、日本が経済の復興を急速になしとげた一九六〇年代から表面化したと思う。明治生まれの小説家林房雄《はやしふさお》の「大東亜戦争肯定論」（六三年から六五年にかけ『中央公論』に連載）は、明治以降戦争の連続だった歴史を、その時代の国民心理にさかのぼって描いたものとして、当時の国民世論を驚かせた。大正生まれの作家・思想家三島由紀夫《みしまゆきお》の防衛庁占拠と割腹事件（七〇年）は、戦前の日本が形づくってきた価値を自らの死によって肯定したという意味で衝撃的な事件であった。昭和生まれの作家・評論家の江藤淳《えとうじゅん》は、『閉ざされた言語空間』（八九年）において占領期間における徹底した検閲制度を通じ、米国が日本人の意識に、「一部の日本軍国主義者が侵略戦争という罪を犯した」という認識を刷り込んだ経緯を詳細にたどった。

他方において、左派からの見方は、戦争が他国に与えた痛みを、特にアジア諸国の側に立って理解しようとする動きとして同じころに顕在化した。家永三郎《いえながさぶろう》の教科書検定違憲訴訟は六五年に開始された。『朝日新聞』記者本多勝一《ほんだかついち》の中国の現地取材に基づく『中国の旅』が出版されたのは七二年。七三一部隊についての衝撃的な森村誠一《もりむらせいいち》のノンフィクション「悪魔の飽食」は、共産党機関紙『赤旗』に連載された後、八一年に出版された。

一九八〇年代前半は、さらに、歴史問題について教科書問題や首相の靖国参拝問題などが起きた。しかし、それらの問題は、そうじて、アジア諸国の痛みを理解しようという方向でそれなりに決着していった。八二年の教科書問題は、「近隣諸国条項」を教科書検定の基準に付加することで落ち着いた。この時期に様々な視点から論議された南京事件についても、旧陸軍将校の親睦《しんぼく》団体「偕行社《かいこうしゃ》」が自ら調査した結果が八五年三月機関紙『偕行』に発表された。「中国国民に深く詫《わ》びる」という言葉で始まり、被害者の数を一万三〇〇〇から三〇〇〇〇とするこの調査報告は、旧軍関係者が正面からこの問題に取り組んだ結果として注目に値するものだった（のちに南京戦史編集委員会編『南京戦史』として資料集とともに刊行）。八五年八月の中曾根《なかそね》康弘《やすひろ》総理の靖国参拝は、胡耀邦《こようほう》を主席とする中国との関係を重視した総理の判断によって翌年以降見送られることとなった。

何よりも、東京裁判自体を幅広い観点から検討しようとするシンポジウムが八三年五月に開催された。東京裁判で、パール判事に次いで独自の少数意見をのべたオランダのレーリンク判事の参加は、左右の研究者・言論人の注目を集め、東京裁判理解を促す重要な契機となった。

一九八九年に冷戦が終了し、昭和の時代が終了し、世界政治の根本構造が変わった。このことは日本の国内政治構造にも大きな変化をもたらした。九三年「五五年体制」が崩壊し、自民党が野に下り、細川護熙《ほそかわもりひろ》氏を総理とする八党連立政権が成立、羽田孜《はたつとむ》政権を経て、九四年六月には、社会党党首の村山富市《むらやまとみいち》氏を総理とし閣僚のほとんどを自民党が占める連立内閣が成立した。私の見るところ、この旧来の理解では信じがたい内閣ができたことが、戦後五〇年の間、左と右の間で対立を続けてきた歴史認識問題にそれなりの決着をつける政治的基礎構造を提供した。その結果、九五年八月一五日、「村山談話」とよばれる歴史認識の総決算が、閣議決定により採択されたのである。その直前の六月九日には、衆議院においていわゆる「不戦決議」（戦後五〇年国会決議）が採択されていたが、大量の欠席者を出し、参議院には上程を阻まれ、内容的にも客観的な歴史分析を踏まえた結果、日本問題を語るものとしてはインパクトの薄いものとなってしまっていた。談話の最も核となる部分は以下のとおりである。

わが国は、遠くない過去の一時期、国策を誤り、戦争への道を歩んで国民を存亡の危機に陥れ、植民地支配と侵略によって、多くの国々、とりわけアジア諸国の人々に対して多大の損害と苦痛を与えました。私は、未来に誤ち無からしめんとするが故に、疑うべくもないこの歴史の事実を謙虚に受け止め、ここにあらためて痛切な反省の意を表し、心からのお詫びの気持ちを表明いたします。また、この歴史がもたらした内外すべての犠牲者に深い哀悼の念を捧《ささ》げます。

村山談話が発表された時、私は在モスクワ日本大使館の次席公使として仕事をしていた。一読して、勇気ある談話であり、歴史認識問題についての総決算を目指していると思った。当時のロシアマスコミ界に開かれていた大使館の広報活動の一環として、すぐに有力週刊誌に「日本はアジアに対して勇気を示した。今度はロシアが対日関係で勇気を示す番だ」という趣旨の投稿を行った。そして、この方向をぶれることなく進んでいけば、アジアとの和解は実現するだろうと明るい気持ちで考えた。

それから二〇年、残念ながらこの期待は満たされなかった。なぜだろうか。村山談話自身に生命力がなかったのだろうか。そのようなことはない。今日に至るまで、すべての総理はこの談話の継承を述べているし、日本政府は、これ以降、以下のすべての歴史認識問題にかかわる外国政府との対話において、この談話を基礎においてきた。

まず政権を取り戻した後の自民党は、橋本龍太郎《はしもとりゅうたろう》、小渕恵三《おぶちけいぞう》という、村山談話の精神の根にある「アジアとの和解」をぶれることなく支持した指導者を、総理として迎えていた。

①九八年一月一四日、天皇陛下のイギリス訪問を控えた橋本龍太郎総理の『サン』誌寄稿「一九九五年に私の前任者が述べたことを想起し、私は、トニー（ブレア首相）に公式の発言として、当時の多大の損害と苦痛に対する私たちの痛切な反省と心からのお詫びを表明した」

②九八年一〇月八日、金大中《キムデジュン》大統領訪日において発出された日韓共同宣言「小渕総理大臣は、今世紀の日韓両国関係を回顧し、我が国が過去の一時期韓国国民に対

し植民地支配により多大の損害と苦痛を与えたという歴史的事実を謙虚に受け止め、これに対し、痛切な反省と心からのお詫びを述べた」
③同年一一月の江沢民《こうたくみん》主席の訪日における日中共同宣言
「日本側は、一九七二年の日中共同声明及び一九九五年八月一五日の内閣総理大臣談話を遵守し、過去の一時期の中国への侵略によって中国国民に多大な災難と損害を与えた責任を痛感し、これに対し深い反省を表明した」
④二〇〇〇年二月二一日天皇陛下のオランダ訪問を控えた小渕総理のコック首相への発言
「総理大臣として、私は、一九九五年村山総理大臣によってすでに表明された日本国政府の立場を確認する。村山総理は、日本国政府を代表し、オランダ戦争被害者を含む多くの人々に対して多大の損害と苦痛を日本が与えたことに対する痛切な反省と心からのお詫びの気持ちを新たにした」
⑤〇二年九月一七日小泉訪朝で発出された日朝平壌《ピョンヤン》宣言
「日本側は、過去の植民地支配によって、朝鮮の人々に多大の損害と苦痛を与えたと言う歴史の事実を謙虚に受け止め、痛切な反省と心からのお詫びの気持ちを表明した」
⑥〇五年四月小泉総理のアジア・アフリカ会議におけるスピーチ

「我が国は、かつて植民地支配と侵略によって、多くの国々、とりわけアジア諸国の人々に対して多大の損害と苦痛を与えました。こうした歴史の事実を謙虚に受け止め、痛切なる反省と心からなるお詫びの気持ちを常に心に刻みつつ、我が国は第二次世界大戦後一貫して、経済大国になっても軍事大国にはならず、いかなる問題も、武力によらず平和的に解決するとの立場を堅持しています」

⑦〇九年五月三〇日の米国での「全米バターン・コレヒドール防衛の会」年次総会における藤崎一郎《ふじさきいちろう》駐米大使の発言

「日本の複数の元首相がこれまで繰り返し発言してきたとおり、日本人は、過去を見つめ、歴史の教訓を学ばなければならないことを、心にきざむべきです。私たちは、私たちの国が、フィリピンのバターン半島、コレヒドール島そしてその他の地で悲劇的な体験をなさった多くの人々に、多大な損害と苦痛を与えたことに、心からのお詫びを表明いたします」

⑧菅《かん》内閣総理大臣談話二〇一〇年八月一〇日

「当時の韓国の人々は、その意に反して行われた植民地支配によって、国と文化を奪われ、民族の誇りを深く傷つけられました。（中略）植民地支配がもたらした多大の損害と苦痛に対し、ここに改めて痛切な反省と心からのお詫びの気持ちを表明いたします」

「右派的なもの」への傾斜

にもかかわらず、村山談話から二〇年、中国・韓国との和解はむしろ逆行している。なぜだろうか。四つの原因をあげてみたい。

第一に、村山談話を左右の政治的均衡が達成した国民の総意とは解釈せず、社会党の総理であったが故の右の理念の敗北とみる右派勢力が、村山談話によって一定の目標を達成した左派勢力を切り崩し、正しいと信ずる歴史認識を復権させるために具体的な行動をとり始めたことである。「新しい歴史教科書をつくる会」の活動開始（九六年）がその一つであり、「日本の前途と歴史教育を考える若手議員の会」及び「日本会議」の結成（九七年）がもう一つの動きだった。

第二に、以上の自民党内の動きに大きな影響を与えたのが、五年間の小泉時代であり、なかんずく、小泉総理の年一回の靖国参拝であった。歴史認識については、村山総理とほぼ同じ考え方をもつ小泉総理が、なぜ靖国参拝の一点について徹底したこだわりを見せたのか、今後の研究に待つ所が大きいにしても、結果として、日中間の首脳の相互訪問は〇二年以降途絶える一方、日本の名誉ある歴史を回復しようとする人々は、小泉総理の「中国に対して毅然《きぜん》として物申す」態度に極めて勇気づけられた。

第三に、それでは、村山談話の中に左派的な考え方を見出《みいだ》す勢力はどうなったのか。明らかに弱化した。自民党内では、アジアとの和解を追求する勢力として、保守本流を任じていた宏池会《こうち》、中国との国交回復をなしとげた田中《たなか》派の影響力が後退した。村山内閣が自衛隊と日米安保を肯定した時点で、平和の問題に関する理念的護憲勢力の筆頭を任じていた社会党の存在意義が薄れた。それ以降、与党政党化した公明党、〇九年から三年間政権を担当した民主党、そして、江田憲司《えだけんじ》色が強まっている維新の会などの動きがないわけではない。しかし、全体として、それらの動きは、小泉・安倍に代表される右派の動きに照らし、存在感が薄くなってきたことは、否定のしようがない。

第四に、当面歴史認識問題をめぐり亀裂《きれつ》を深めてしまった中国と韓国の対応の問題がある。いうまでもなく、中国との外交関係の開設は一九七二年、七八年の鄧小平《とうしょうへい》による改革開放の動きと、同年の日中平和友好条約締結による両国関係の安定化は、八〇年代の前述の歴史問題の克服をへて、両国関係を大きく発展させた。八九年の天安門《てんあんもん》事件に対する「中国を孤立させるな」という日本独自の外交方針と、これに対する中国側の評価に発する天皇訪中（九二年）は、村山談話を発出した九五年、両国間の和解への期待をもたらした。

しかし、ちょうどその年を契機として始まった中国の小学校における南京事件の展示会は、その期待を打ち砕いた。二〇〇〇年代前半の小泉時代の首脳交流の欠落は同年代後半にいたる尖閣をめぐる緊張の発生をうみ、一二年の日本政府による尖閣購入に対する領海侵犯の常態化以降日中関係は、武力衝突の可能性をはらんだ全く新しい危機の下に投げ込まれたのである。習近平《しゅうきんぺい》時代に入り、台頭する中国は、経済・政治・軍事・文化とその全容を現し、「アジア人によるアジア」という新文明を提起しはじめたのである。

韓国との関係は、一四年間の長丁場の交渉の末、一九六五年に外交関係を回復、請求権問題を始めとして諸懸案を一括解決した。爾来《じらい》韓国は様々な経緯を経ながらも、民主化、経済成長、韓流文化を発展させ、東アジアの政治外交面でも尊敬される地位を築いてきた。こうした韓国の躍進に対し日本人の中に韓国に対する新しい関心と尊敬とが生まれ、九八年の小渕・金大中の共同宣言に続き、二〇〇三〜〇四年の「冬のソナタ」放映は、新しい関係発展への期待を産み出した。

けれども二〇一〇年代に入り、

①二〇一一年八月の憲法裁判所の慰安婦違憲判決

②二〇一二年五月の大法院（最高裁判所）の戦時強制労働未解決判決

③同年八月の李明博《イミヨンバク》大統領の竹島上陸
④二〇一三年以降の朴槿恵《パククネ》大統領による歴史認識問題（特に慰安婦問題）に関する一方的な批判

これらの動きは、日本側が抱いていた期待を打ち砕いた。政治・経済・文化の成功による自信は、韓国においては日本に対する「恨」の爆発として現れたように見える。

以上の状況は、戦後日本精神の特徴の一つだった、アジアとの和解を求める立場を弱める結果となったことは否めない。

戦後七〇周年首相談話の発出

そういう状況の中で、私たちは二〇一五年、終戦から七〇周年を迎える。私たちは、この区切りをどうやって迎えるべきか。

私は、戦後日本の左右のバランスの結果として作られてきた村山談話をそのまま継承し、過去を忘れることなく、未来に向けた日本のビジョンを語ることをもって七〇周年を迎えることが最善だと考える。

談話の構造は単純明快である。「日本が、植民地支配と侵略によって、多くの国々、とりわけアジア諸国に損害と苦痛をもたらした。心から詫びる」というものである。日本は、この談話をもって、ドイツに勝るとも劣らない道徳的な高みに立っている。ドイツの謝罪を表明した一九八五年五月のワイツゼッカー演説に十分に比肩する。ドイツの謝罪の原点が、一九四五年から四六年にかけて述べられたカール・ヤスパースの「四つの罪」を背景とする西欧哲学の「分析的」思惟《しい》の中から生まれているとすれば、村山談話は、鈴木大拙《すずきだいせつ》の「日本的霊性」をその発想の根源に持っていると解して少しも恥じることは無い。

鈴木大拙の「日本的霊性」の思想は、ヤスパースが「四つの罪」を思索したのと丁度同じ時期に発せられた。軍国主義日本とそれを駆り立てた思想を徹底的に批判する。そこから立ち直る「焼け野原から芽生える青草のような」日本的霊性の力を鮮やかに描いている。そういう思想の最高位として、浄土系の信仰と禅宗によって体現される鎌倉仏教があげられる。物事の本質に踏み込む大拙の思惟は、優れて直観的・包摂的であり、簡潔な語彙《ごい》によって戦争の真実に迫ろうとした村山談話の思惟と、通底する（注1）。

村山談話の持つ道徳的高みを維持することのなかから、本格的に中韓と話し合い、相手の心をこちらに惹《ひ》きつける道が開かれる。日本の謙虚さを基調とする道徳性は、いつか中国・韓国との和解をもたらすこととなる。

そうなってこそ、明治以降欧米列強に伍し、やがてこれに戦いを挑んだ日本の戦争は、帝国主義間の対等な戦争だったという意見に相手側が耳を傾けざるをえなくなる時がくる。日本の戦争はナチスのホロコーストとは違うという議論に、真の説得力を持たせる時がくる。

それを実現するためにも、政治と外交における道徳的高みという最良の武器を使わねばならない。しかるに、左はそれを欣然《きんぜん》と主張する力を失い、右は左を叩くことに忙殺されるあまり、日本国の名誉を真に挽回《ばんかい》するために必須の歴史と世界の世論の動向に対する勉強を怠ってしまったように見える。

今本屋に山積みされている嫌中本、嫌韓本、日本賛美本の多くは、「東京裁判自虐史観」を批判するあまり、戦後七〇年の左右の相克と魂の彷徨の中に何の価値をも見出せない、「逆自虐史観」の虜《とりこ》になっているように見える。

筆者もまた、東京裁判の多数判決は、事後法としてまた「勝者の断罪」として、絶対に認めることができない。そうであればこそ、アジアに出した軍隊が他国で与えた苦しみを理解し、民族の自尊を否定した植民地政策の痛みを感ずることが、日本自らの名誉を守り、今はなき日本帝国の名誉を継承する途《みち》だと確信する。

直観的・包摂的な表現をとる村山談話であってこそ、東京裁判の法理の当否にいささかもかかわることなく、日本人として、アジアにおける戦場において、何があったかという史実にむきあい、民族としての勇気ある発信を行うことを可能にした。

「安倍談話は未来志向」といっても、歴史に関して言うならば、被害者と自認している人々にとって、加害者側から「未来志向」といわれることほど、不快感をそそられるものはない。近ごろ日本側からでてくる「未来志向」という発想に対し、今や中韓米欧の世論は、猜疑《さいぎ》の心を募らせて日本を見守っているのである。

二〇一五年八月一五日に出すと言われている安倍晋三《しんぞう》総理の戦後七〇周年を期した談話は、本稿記述の時点（二〇一五年六月）ではその最終的な帰趨《きすう》は定かではない。

安倍総理の歴史認識については、政治家としての考え方としては村山談話に批判的である一方、総理大臣としては概ねこれを継承するという立場を表明してきている。

一九九五年の戦後五〇年国会決議を欠席した安倍氏は、翌年出版した著書『「保守革命」宣言』では「皮肉なことに、連立政権の時に『戦後五〇年』を迎えて、謝罪決議と言う大変みっともない結果になってしまった」と批判した。

しかし〇六年に成立した第一次の安倍政権では一〇月の衆議院予算委員会で「総理大臣

として、政府の立場として、村山談話は引き継いでいく立場を表明している」と明言。

野党の立場に立ったあとでは、雑誌『正論』の〇九年二月号に掲載された山谷《やまたに》えり子《こ》参院議員との対談で「自民党が野党に転落するまでは、どの首相も侵略と言う言葉を使っていない。竹下《たけした》さんも踏みとどまっていた。ところが村山談話以降、政権が代わるたびにその継承を迫られるようになる。まさに踏み絵です。だから私は、村山談話に代わる安倍談話を出そうとした」と発言（政治家としての見解は、一五年三月四日『朝日新聞』参照）。

他方、一二年末の第二次政権成立以降は、「全体として引き継ぐ」という立場表明と「個別には引き継がない」という立場が交錯している。二〇一五年に入っても、論理的には整合しているこの二つの立場の交錯は続いている。

一月五日の年頭記者会見では、「村山談話を含め、歴史認識に関する歴代内閣の立場を全体として引き継いでいく」と述べたが、一月二五日のNHK討論番組では「今まで重ねてきた文言を使うかどうかではなく、安倍政権としてこの七〇年をどう考えているかと言う観点から出したい」と述べ、キーワードを新談話で使うかどうかについての問いには、「そういうことではございません」と述べた。

しかしながらその後の国会答弁では、「村山談話も小泉談話も、政府の閣議決定した談話を全体として引き継いでいく」（一月二九日衆院予算委員会）、「安倍政権は村山談話、小泉談話を含め、歴史認識についての歴代内閣の立場を全体として引き継いでいる」（二月一六日衆院代表質問）等「全体として継承」の立場が繰り返されている。二月一九日には、二一世紀構想懇談会一六名のメンバーが選ばれ、これら有識者の意見を踏まえながら、安倍談話が発表されることとなる。

国際的には七〇周年談話への前段として、四月二二日のバンドン・アジア・アフリカ会議六〇周年会議における安倍演説があった。

〝侵略または侵略の脅威、武力行使によって、他国の領土保全や政治的独立を侵さない〟〝国際紛争は平和的手段によって解決する〟

バンドンで確認されたこの原則を、日本は、先の大戦の深い反省と共に、いかなる時でも守り抜くであろう、と誓いました（外務省ＨＰ）。

歴史については「先の大戦の深い反省」という言葉にとどめ、中国が最も関心をもつ「侵略」についてはバンドン原則を引用する形で言及したということだろう。

さらにこの演説の後に行われた習近平主席との会談で「歴史に関しては、安倍内閣として、村山談話、小泉談話を含む歴代内閣の認識を全体として引き継いでおり、このことは何度も表明している。本日のバンドン会議記念行事におけるスピーチでも述べたとおり、日本は、先の大戦の深い反省の上に平和国家として歩んできた。この歩みは変わらない」と述べた（外務省HP）。七〇周年談話への布石として重要な展開が画されたといえよう。

さらに、四月二九日米国議会の両院合同会議での安倍演説があった（外務省HP）。この演説ではまず、米国に対する傷跡にふれ、真珠湾《しんじゅ》、バターン・コレヒドール、珊瑚《さんご》海という米国にとっては最も傷の深い戦場名をあげ、そこで死んだ米兵に思いをはせ、「深い悔悟を胸に、しばしその場に立って、黙禱《もくとう》を捧げました」と述べたうえで、「日本国と、日本国民を代表し、先の大戦に斃《たお》れた米国の人々の魂に、深い一礼を捧げます。とこしえの、哀悼を捧げます」とのべている。「謝罪」と言う言葉をさけつつ、総理の人間としての感慨を伝える「悔悟（repentance）」という新しい言葉を使うメッセージは、一〇回をこえるスタンディング・オベーション（立って拍手すること）からみても、出席議員の多くの琴線にふれる印象を与えたと看取される。

一方アジアについては、こう述べている。

戦後の日本は、先の大戦に対する痛切な反省を胸に、歩みを刻みました。自らの行いが、アジア諸国民に苦しみを与えた事実から目をそむけてはならない。これらの点についての思いは、歴代総理と全く変わるものではありません（首相官邸ＨＰ）。

提言　これからの歴史認識問題と中国との和解

かたや中国は着々とその姿勢を固めている。すでに一四年二月二七日、全人代常務委員会は九月三日を「抗日戦争勝利記念日」に一二月一三日を南京事件の「国家哀悼日」にそれぞれ定める議案を採択（『産経ニュース』一四年二月二七日）。

一五年三月八日全人代での記者会見で王毅《おうき》外相は、今年開催の戦勝記念祝賀パレードについて「誰であれ誠意を持ってくるのであるなら歓迎する」と述べつつ、「加害者が責任を忘れずにいて初めて被害者の傷は癒《い》える」「日本の政権を握る者は、胸に手をあてて自問すべきだ」「歴史の重荷を今後も背負っていくのか、過去を断ち切るのか」と発言（『産経新聞』一五年三月九日）。

三月一五日李克強《りこくきょう》首相も記者会見で、「抗日戦争勝利七〇周年」について「日本の指導者が歴史を直視すれば、中日関係を改善・発展させる機会になり、中日経済貿易関係発展によい条件になる」と述べるとともに「日本軍国主義による侵略戦争が我々に甚大な災害をもたらした」「日本の民衆も被害者だ」という従来の中国の歴史観を示した（『朝日新聞』一五年三月一六日）。

三月二一日ソウル市内で岸田《きしだ》文雄《ふみお》、王毅、尹炳世《ユンビョンセ》による日中韓三か国外相会談が一二年以来三年ぶりに開催され、「歴史を直視し、未来に向かうとの精神の下、三外相は、三か国が関連する諸課題に適切に対処すること」を含む「共同報道発表」が合意された（外務省ＨＰ）。王毅外相は中国メディアに「歴史を正視すれば、侵略の史実や植民地支配を否定はできない」と述べた（『朝日新聞』一五年三月二二日）。

もう一度歴史を振り返りたい。日清戦争に勝利した日本は、三国干渉による遼東半島返還を求められた時、世界から孤立し、やむなくこれを引き渡した。それから国民をあげて必死に働き、日露戦争に勝利した時は、時の大国アメリカとイギリスの世論を味方につけ、世界の情報戦に勝利して、ポーツマス条約による和平にもちこんだ。

この勝利におごった日本は、米欧と雌雄を決する機会がきた時に、アメリカの世論を味方につけるという情報戦に完敗した。真珠湾からミッドウェーで負けるまで帝国陸海軍は無敵だったが、情報戦と諜報《ちょうほう》戦での完敗は、戦争の完敗につながった。

今の日本は戦争によってではなく、経済・文化・外交の力で戦おうとしている。右派が日本という小さな世界の中で、逆自虐史観の虜になっている間に、世界の世論の大勢では、中国と韓国の日本批判が表面化するなかで、実は米欧の根の深い対日猜疑心に火が付き始めている。

もう一度謙虚に世界の大勢の議論に耳を傾け、特に米欧の世論を味方につけるにはどう行動し発信すれば良いかを考えることこそ肝要である。

筆者の提言は、以下のとおりである。

まず総理の七〇周年談話は、日本がこれまで積み上げてきた道徳的矜持《きょうじ》を十分に受け継ぎ表現したものとする。筆者は、疑義の余地なくそれを表現するためには、これまでの道徳性の高みにある村山談話をそのまま受け継ぎ、過去を忘れない旨を宣言することが最も良いと考える。

本稿執筆の最終段階での安倍総理の見解は「村山談話を全体として引き継ぐ」と言う点

に収斂《しゅうれん》しているように見える。筆者は、「村山談話をそのまま引き継ぐ」または「村山談話を引き継ぐ」という表現により、「全体として」という言葉が持つあいまいさを除去した方が良いと考えてきた。しかし、四月二二日の習近平主席との会談についての外務省発表文の英語版は、この「全体として」を〝in its entirety〟と訳している。この訳語なら、「そのすべてを」というニュアンスになり、もう一つの訳語である。〝as a whole〟という言葉がもっている「概ね」という「ところどころに穴があいている」というニュアンスを感じない。中国語と韓国語に〝in its entirety〟というニュアンスが出る言葉があるなら、受ける印象は肯定的になるかもしれない。

しかし、それでもなお、安倍総理をとりまく世界の目には厳しいものがある。「侵略」「植民地支配」「お詫び」と言うキーワードを使わないのは、その内容を認めたくないからだろうという見解は、中韓のみならず、欧米のリベラルの中に深く食い込んでいる。四月二二日のバンドン演説の後、韓国外務省の当局者は、「植民地支配と侵略に対する謝罪と反省」と言う核心的な表現を落としたことを批判した（『朝日新聞』四月二三日）。中国の副報道局長は、演説に対する直接の言及は避けつつ、「国際社会は、日本が侵略の歴史を直視・反省（中略）することを期待する」と述べた（『時事通信』四月二二日）。二九日の米国議会演説に対しても、韓国外務省は「真の謝罪もなく、大変遺憾」、中国外務省は「侵略の歴史を直視し反省するという約束を守るよう促してきた」と同一の反応を示した（『朝日新聞』五月一日）。

そういう批判を吹き飛ばし、道徳的矜持を保つためには、「侵略」「植民地支配」「お詫び」と言うキーワードを入れた談話とするにしくはない。しかもアメリカの議会で総理は、「悔悟」という新しい言葉を使われた。「反省」が道徳的・社会的な次元の言葉であるのに対し、この言葉は、宗教的・精神的なニュアンスを感じさせる。村山談話の核心部分にこれを加えるなら、安倍総理は、日本自身の謙虚さに一層の深みを与えることになる。ヤスパースの「四つの罪」の中の「形而上的」罪、つまり神を前にした罪の問題に、安倍総理が自らの体験の中から踏みこんだ感すらある。だが、これまでのキーワードとの関係をはっきりさせないままにこの言葉を使うと、議論は錯綜しかねない。そのような混乱した状況をつくりだすのではなく、村山談話を一層深めたと言えるようにすることこそ得策ではないか。中国がその戦勝記念に安倍総理を招かざるをえない状況をつくりだすことこそが、最も国益にかなう。招待があった場合、安倍総理は、ためらうことなくこれに出席する。祝賀式典における軍事パレードに出席することがためらわれるなら、メルケル・ドイツ首相がプーチンの五月九日戦勝記念日招待で対応したように、パレードを欠席しつつこの機会に訪中し、首脳会談を行う案もあるのではないか。

昨年来、この記念日は中国の道徳的優位を世界に示すためのものであり、日本の総理のこの式典への出席はそのことを証明すると解されるような言説が、中国側から発せられてきたように見える。筆者が話した中でも、このような印象を与える中国要人の発言に対し、総理の出席は問題外と言う感触を述べる日本言論人の見解も多かった。

これこそ、中国の戦術に日本が引っかかる最悪の策ではないか。七〇周年談話は、中国のために出すのではない。日本が過去といかに対峙《たいじ》するかを表明するものであり、その基礎は戦後日本が積み上げてきた高次の道徳性である。中国がそれに対していかなる脚色をほどこそうとも、日本はこれに囚《とら》われることなく、中国の招待に応ずることが得策だろう。結果として、有無を言わさぬ新事態は、中国が日本の道徳性に対して和解に応じてきたということになる。世界場裏で、特に米欧の世論は、安倍総理の道徳性が中国のかたくなな対日批判を下したという風に逆転する。そうなると確信する。

日本の道徳性が中国をして和解への握手をせざるを得ないところに持って行くことが、一五年秋からの安倍外交に与えるパワーは、計り知れない。しかも、そういう態度をとることは、日本政府がこれまで営々と積み上げてきた立場を確認し、それを基礎に未来に向かってのビジョンを花開かせることによって実施可能なのである。

ぜひともその方向性を期待したい。

最後に私たち一国民として、最も肝心なことは、七〇周年談話を政治の世界で起きている他人事のように捉《とら》えないことである。村山談話をどう引き継ぐかは、政府と言う他人事の問題として国民が「評論」すべきものではない。安倍総理がどういう言葉を使われようと、歴史をどう引き継ぐかは私たち一人一人の問題である。そういう自覚を私たちがもち、それを的確な言葉で表現することが、実は、総理大臣が発声する談話の表現より、はるかに大事な問題なのである。

このことは、安倍総理が使う表現にあいまいさが残り、結局のところ何を引き継いだかが解らない状況が万一生じた時に、さらに重要になる。

自分の問題としてこの問題を考える重要性は、特に若い人にあてはまる。

教壇に立つ大学の授業で、学生から質問を受けることがある。「自分たちは、戦争が終わってから五〇年以上たって生まれ、戦争の記憶すら十分にない世代です。その自分たちに祖父や曾祖父《そうそふ》の世代が行った戦争の責任があるのですか」

筆者は明確に答えておきたい。

――責任はある。それは、日本と言う社会に日本人として生きているかぎり、私たちは歴史の重みを背負って生きているからである。

――歴史の重みをどう感得するかは、歴史を学ぶことにより、歴史を物語る現場にゆき、映像を見、記録を読むことにより、自らの経験の中から生まれてくる。

――戦争から時間がたてばたつほど、記憶は風化する。これは自然なことである。そうであるがゆえに、歴史に学び、そこから歴史の下で生きている日本人として自らの道徳的矜持を打ち出していくことは大事なことである。

――何よりも、政府の発する談話を他人事のように眺める態度をあらためてほしい。歴史をどう記憶するかは、国民一人一人の問題ではないか。総理が村山談話を引き継ぐとしてもしなくても、国民が歴史の真実をきちんと把握し、そのやりすぎた部分について謙虚に自らを省みる心がないなら、日本という国の道徳的矜持はない。

注1　村山談話と鈴木大拙の思想との関係については、拙著『歴史認識を問い直す』（角川新書、二〇一三年、一三六～一四〇ページ）に詳細に述べた。

第二章

靖国問題

首相参拝停止のモラトリウムの後に

首相の靖国参拝にモラトリウムを

（前略）小泉首相の靖国神社参拝は、日中の首脳間の対話が途絶えるという深刻な事態を招いた。その打開のためには日中双方の譲歩が不可欠だ。日本がその最初の一歩を踏み出すべく、後継の首相に対し、靖国参拝についてのモラトリウム、つまり、しばらくの間の参拝停止を提言したい。

モラトリウムの期間中に、中国との関係ではなく日本自身の課題としてやるべきことが三つある。

まず第一に、靖国神社を国のために命を捧《ささ》げた人を純粋に慰霊する場にすることである。現在は、遊就館《ゆうしゅうかん》の展示などで独自の歴史観を発信しているが、そうした機能は分離することが適切ではないか。

第二は、戦争責任の問題を国民的に議論することである。政府は九五年の「村山談話」以来、アジア諸国などに与えた損害と苦痛に対し「痛切なる反省とお詫《わ》び」を表明してきたが、誰にその責任があるのかには踏み込んでいない。元来、東京裁判は戦勝国による処断であり、日本自身で改めて戦争責任を問い直すべきではなかったか。国会の場やマスメディアも含めた国民的な議論の末、最終的には政府としての見解が必要だろう。それはA級戦犯合祀《ごうし》の適否の判断にも直結する。
　三つ目は、太平洋戦争の記憶を後世に伝えるため、国立の歴史博物館をつくることである。そこには遊就館の展示を引き継ぐ、戦争に至る当時の日本の論理も示されるが、同時に、中国などで実際に起きたことを客観的に示す。また、原爆投下などで日本民族が抹殺される危機に瀕《ひん》したことを示すのも必要だ。戦争の記憶を総合的に示すことによって、日本自身、戦争の問題を乗り越える縁となろう。（後略）
拙論「靖国と戦犯分祀《ぶんし》：戦争責任の議論こそ必要」（『朝日新聞』、二〇〇六年八月一二日）

戦争責任についての二つの考え方

　私が歴史認識問題に関心を持ったのは、外務省を辞めてオランダのライデン大学で勉強を始めた二〇〇二年からで、小泉首相が靖国参拝をおこなって以降、急速に日中関係が冷え込んでいくことに強い危惧《きぐ》の念を持ったからである。

なにか問題を解決する知恵はないかと考え続け、二〇〇六年夏、「靖国参拝にモラトリウム（一時停止）を」という論文を『ファーイースタン・エコノミックレビュー』誌に投稿したのが、この問題について私見を世に問うた最初の機会である。

ちょうどこの頃から日本に帰りはじめ、この年、小泉総理の退任前の八月一五日の靖国参拝に伴い靖国論議が日本でピークに達し、日本でも前掲の『朝日新聞』への投稿をはじめ『月刊現代』『論座』『週刊金曜日』など複数のメディアに同趣旨の論考を発表した。

一番言いたかったポイントは、前掲の『朝日新聞』に整理されているが、今の言葉でさらに敷衍《ふえん》したい。

戦争で亡くなられた方々に、後の世代としてどう接するかは、まず、日本自身の問題として解決しなくてはいけない。そこにまず登場するのが「戦争責任」の問題である。後述のように、この問題には、中国との間でも考えなくてはならない難しい側面もある。けれどもまずもってこの問題は、日本自身の問題なのである。そういう点を含めてよく考え、結論を出して実施するまで、総理大臣の靖国参拝を一時停止していただきたいと考えた。上述の『朝日新聞』投稿の第二の部分である。

戦争責任の問題について日本は、極東裁判で連合国によって戦争責任を判示され、その判決をサンフランシスコ平和条約第一一条で受け入れた。しかし事後法であり勝者の裁判であった東京裁判の多数決判決に納得できない人も多い。筆者も納得していない。だが戦後国際社会復帰への基礎となったサンフランシスコ平和条約、その第一一条を政府として覆すことはすべきではない。けれども、もしも東京裁判多数決判決に納得しないなら、戦争責任の問題について、日本自身の判断はなにかという問題が登場する。

一九九五年の村山談話によって日本は侵略と植民地支配を認め、それにつき謝罪を行ったが、村山談話には、とった行動の責任については、「日本が責任を負う」と書かれてはいるが、その「日本」が誰なのかについては、記述がない。談話のもっている直観的・包摂的な表現の優位性を認めるとしても、その「日本」は大筋誰のことを意味するのかという問題は残る。

誰に戦争責任があるかと言う問題には二つの考え方がある。

第一は、赤紙一枚で連れていかれた国民と、赤紙で国民を引っ張ったリーダーとでは、明らかに責任が違うとする考え方である。特定のグループに戦争責任があるという立場をとる場合には、どうしてもそこに、責任者とその従属者との間の線引きをする発想が生まれる。責任者は誰かについて、その名前が求められることになる。二〇〇六年春に『読売新聞』が中心となり戦争責任の問題を考えようとした。『読売新聞』は、「戦争責任検証委員会」をもうけ、『検証 戦争責任（Ⅰ）』を〇六年七月、『（Ⅱ）』を〇六年一〇月に出版し、総力をあげて名前を入れた責任者を明らかにしようと努力した。けれども、この努力は多とするも、この時点ですでに六〇年も昔の話について国民のコンセンサスを得るような成果には至らなかった。むしろ、民間の学者がそういう研究を積み重ねる以外に、今さかのぼってそういう結論を出すことは不可能であることが端無くも示された。

そうなると、歴史の過程の中で、A級戦犯と言う形でいったん名前の固定した人が一四名いたということは、否定のしようの無い事実として残る。間違いだらけの裁判ではあっても、唯一の判断である東京裁判の判決を国民が主体的に引き受けようという方向性が生まれるかもしれない。この場合、A級戦犯の合祀が適切だったか否かという問題が浮上する。

第二は、時の勢いを支持した国全体としての責任を探求する考え方である。戦前の世論、メディア、知識人、政治的指導者の大部分が、日本が大陸に拡張することを支持していたという否定できない事実がある。

明治から太平洋戦争に至る日本の歴史を学べば、満州事変以降終戦までの歴史で、ドイツのナチズムのような形で戦争責任者を線引きすることができないことは、よく理解できるはずである。

日本をして戦争を選ばしめたのは、大部分の国民が何らかの形でかかわった時の勢いといったものである。指導者とそれに従う立場に立たされた国民との間に同じ責任があるというのは無理があるとしても、国民それぞれに切れ目ない応分の責任があったのではないか。「大多数の国民の応分の責任論」について筆者に初めて語ったのは、筆者の兄の東郷茂彦《しげひこ》である。それは、

①指導者＝最も重い法的・政治的責任
②経済・教育・メディア＝社会的責任
③一般国民＝限りなく小さな責任
④明示的に抵抗した者＝責任なし

というふうに責任の程度を分けて考えつつ、大多数の国民の責任を認めるというものだった。

この考えを突き進めるならば、国全体としての責任を命にかえて引き受けた人たちは国民としての感謝の対象となる。A級戦犯合祀には積極的な理由があるということになる。

このように考えると私の考えは第二の「応分の責任論」に傾くが、全体として考えるべき問題はあまりに複雑であり、これまで自分の結論を出しきれないできた。その一つの要因として、中国のものの見方がある。

戦争責任に対する中国の見方

中国が靖国参拝にこだわる理由は、中国の戦争史観と、その史観に対し、日中国交正常化以来一度たりとも異議を唱えてこなかった日本政府の態度に起因する。わかりやすく言えばそれは、「周恩来《しゅうおんらい》テーゼ」と言ってよい見方にどう対峙《たいじ》するかの問題である。

日本人一般がこのテーゼを一番初めに広く耳にしたのは、一九七二年九月二五日、日中国交正常化の調印のために田中角栄《かくえい》首相一行が北京についた夜の歓迎夕食会で行われた周演説のようである。

「一八九四年から半世紀にわたり、日本の軍国主義者による中国侵略によって、中国人民は重大な災害をうけ、日本国民もまた、大きな損害をうけました。

先に起きたことを忘れず、後に起こることの手本とするという言葉がありますが、このような経験を我々はしっかりと覚えておかねばなりません。

中国人民は、毛沢東主席の考えに従い、ごく少数の軍国主義者と日本国民を厳格に区別します」(『中国語ジャーナル』二〇〇二年九月・一〇月号)

事柄の重要性にくらべ、この演説の存在はあまり知られていない。この夕食会で、田中首相が日中戦争に関して「迷惑をかけた」という表現を使ったことが中国側の不興を買い、翌日の公式会談で問題提起がなされる事態に大方の関心がいってしまったことによるのかもしれない。

しかしながら、この演説に出てきた考え方は、さかのぼること二〇年に及ぶ。ノンフィクション作家の保阪正康氏が、二〇〇五年に雑誌『現代』において、次のような指摘をしている。

「五二年、中国ハルピンで日本のスケート選手を招待しようという計画が持ち上がった際、戦争で傷つけられた人たちの怒りが激しく、招待計画が中止になった事件が起きた。これを契機に周首相は、『こうした状態が続けば将来大変なことになると考え、そういうひとたちに、日本人兵士もまたひとにぎりの軍国主義者に騙《だま》されていた犠牲者だと説得した』という」(「周恩来の『遺訓』を無視する首相の靖国参拝」『現代』二〇〇五年七月号、八四〜九三ページ)

この考えが最初に日本側に伝えられたのは、五三年九月に訪中した大山郁夫《おおやまいくお》・平和擁護日本委員会会長に対してで、周首相はこう言ったそうである。

「日本の軍国主義者の対外侵略の罪悪行為は、中国人民および極東各国人民に大きな損失を受けさせたばかりでなく、同時に日本人民にもかつてなかった程の災難を蒙《こうむ》らせました」（データベース『世界と日本』日本政治・国際関係データベース　東京大学東洋文化研究所田中明彦研究室）

きわめて根の深い、息の長い思想だったというべきだろう。

結局中国の考え方は、

①靖国神社には、日中人民の共通の敵である日本軍国主義者の代表たるA級戦犯が祭られている

②靖国神社に参拝するのは、A級戦犯に参拝することになる

③だから、靖国神社の参拝は許せない

ということになる。

これを正面から崩すロジックを中国的に表現するなら、

①靖国神社に祭られているのは、中国人民と戦った日本人民の罪を背負って死んだA級戦

犯である
②日本人民は従って靖国にいく
③日本人民は謝罪し（＝村山談話）もう戦争をするつもりはないことを戦後の歴史で証明してきたのだから、中国人民も靖国に来て一緒に参拝してください
ということになる。

だが、七二年から四十数年、周恩来発言をいいことにして誰一人中国にこういうことを言わなかった。その結果が、靖国問題に転化し、小泉総理の六年間、首脳の相互訪問が行われなくなり、日中関係の冷却化が進められた。筆者は、靖国問題についての日中の立場の如何にかかわらず、この間の首脳会談の欠落が、本来この時期に進展していてしかるべき問題の解決を遅延させ、双方の国益にとって重大な損害を与えたと考えている。

中国の持っている力、体制、考え方、を考慮するなら、前述の「応分の責任による国民全体の責任論」に立脚し、一四名の指導者を国民の責任をとって死んだ敬うべき人だという議論に同意させる（少なくとも反対しない）ことは、非常に難しいことであろう。少なくともそこにいくには、長い説明と忍耐が必要であるという認識が、モラトリウムを提案した、一つの要因であった（注1）。

遊就館のはらむ問題

筆者がモラトリウムの間に解決すべきと考えたもう一つの問題は、歴史を物語る遊就館をどう考えるかの問題である。靖国神社に属する遊就館には今三つの機能が併存している。第一は、戦没者の遺書、遺品、家族の想いなど、靖国に安置された英霊自身に係る展示である。第二は、そういう英霊たちが戦った自らの歴史観を当時にさかのぼってできるだけ正確に描こうという歴史認識の展示である。第三は、いわゆる軍事博物館の機能であり、「零戦」を始めとする太平洋戦争で使われた兵器を中心とする。

英霊の御霊《みたま》を祭った靖国神社に最もふさわしいものは、この第一であり、遊就館の内容をこの第一にしぼったらというのが、冒頭の『朝日新聞』への投稿の最初の項目で述べたことである。これは同時に、国際的にも最も異議を呈されないものでもある。

国際的に異議が呈されているのは、第二の歴史叙述の部分である。当時の戦いの認識を述べるということは、畢竟《ひっきょう》戦いのイデオロギーの正当化を発信するという意味になりかねない。遊就館の内容については、筆者の知る限り米国人から強い批判がよせられ、靖国神社側も国際政治や外交の専門家の知見を得て、かなりの程度内容を改善したと聞いている。

しかし、国の戦ってきた歴史観を、当時の立場に戻って国際的にも恥ずかしくない形で展示するのは本来国の仕事であり、国の役割である。それは国のために亡くなった方々を祭ることが、本来国の機能であり責任であることと同じことである。従って、遊就館がこれまで国に代わってはたしてきたこの機能を国に返し、今後は、国が責任を持って行ったらいいのではないかと言うのが、『朝日新聞』への投稿の最後の項目の趣旨である。

さて、〇六年から、ちょうど一〇年の歳月が流れた。

京都産業大学に籍を置くようになってから、自分の教えている学生を連れて、年に一回靖国神社を参拝するようになった。靖国神社には、有無を言わさない本物の力がある。九段下《くだんした》大鳥居から大村益次郎《おおむらますじろう》像横を通って神社の本殿にいたる途《みち》には、日本が至る所で壊してきた本物の歴史が残っている。明治から昭和に至る日本の歴史を学び、戦争とそこで亡くなられた方々の事を学ぶのに、これ以上に優れた場所は少ない。

靖国見学と同時に、千鳥ケ淵《ちどりがふち》戦没者墓苑《ぼえん》とその間にある昭和館をも訪れるようにしている。その過程で、昭和館をつくるにあたっての、気の遠くなるような論争についての理解も深めた。

一方において遊就館の確固としたプレゼンスがある。博物館という物理的な場所を伴う戦争の記憶の再興は、余りの複雑さでとうてい私の努力の及び難いところにある。少なくとも、モラトリウム案で提起した最初の項目（遊就館「歴史認識」部分の分離）と三番目の項目（政府が責任を持つ総合的歴史博物館の建設）については、根本的な対応をすぐに行うのは、非常に難しいという印象を持つようになった。

それにしても、平成の初期に日本は、「国が近現代史の責任を持つ」ための稀有《けう》の「機会の窓」を有していた。それは現在の防衛省に残っていた先の大戦と東京裁判の「現場証人」であった「市ケ谷台《いちがやだい》一号館」を保存し、この歴史の「現場」で歴史を語らせるという発想だった。裁判まで提起して一号館を保存しようとした多くの方々の先見性は通らず、一号館は取り壊された。いくつかの部屋の保存によって自足する現在の状況は、「歴史」と言う根を大切にしない日本民族の浅薄さの象徴のように見えるのである（東郷茂彦「歴史の抹殺：市ヶ谷台一号館をなぜ壊すのか」『中央公論』一九九五年新年号、一五四～一七二ページ参照）。

安倍政権　モラトリウムの終わり

さて、日本の総理の靖国参拝は、結果的には、〇六年八月一五日の小泉総理の参拝以来しばらく停止されることとなった。何よりも小泉政権を引き継いだ安倍総理は「靖国神社を訪問するか・しないか、したか・しなかったかを確認しない」という「あいまい政策」をとり、中国がこの政策を受け入れた結果、日中首脳間の対話が再開された。

一年後に退場した安倍第一期政権の後の二人の自民党総理、三人の民主党総理も参拝を控えた。このモラトリウム状況に変化が生じたのは一二年一二月安倍第二期政権が登場して以降のことである。

一二年一〇月一七日、その三週間前に自民党の総裁に選ばれた安倍晋三氏は、秋季例大祭に合わせて靖国神社を参拝した。

安倍氏は参拝後、記者団に「国のために命をささげた英霊に対し党総裁として尊崇の念を表すため」と理由を説明。首相に就任した場合の対応に関し「日中、日韓関係がこういう（険悪な）状態で、いま首相になったら参拝するかしないかは申しあげない方がいい」と述べた。

しかしながら安倍氏は、総裁就任後の一〇月九日の党会合で「先の首相任期中に靖国神社を参拝できなかったのは痛恨の極みだ。これをもって汲《く》み取ってほしい」と述べていた

(『共同通信』二〇一二年一〇月一七日)。

けれどもそうじて総理大臣就任後の安倍総理の歴史認識に対する態度は慎重だった。一三年の夏の参議院選挙までは、経済問題を正面に立て、歴史・防衛問題と言う難しい問題は正面に立てないという基本戦略は、明確に看取された。

例外的に緊張が高まったのは、麻生《あそう》副総理が一三年四月二一日の春季例大祭にあわせて参拝、これに対し、中国と韓国が猛烈な反発を示した時だった。両国の反発に対し安倍総理は参議院予算委員会の審議で、「村山談話はそのまま継承しているわけではない」(四月二二日)、「侵略の定義は、国際的にも定まっていない」(四月二三日)、「わが閣僚はどんな脅かしにも屈しない」(四月二四日)と強いトーンの答弁を繰り返したが、その後はトーンを下げた。村山談話の継承はしばしば議論されたが、総理の靖国参拝はあまり議論の対象になることもなく、参院選の勝利をうけて安倍政権与党は、衆参の安定過半数を獲得した。

しかし、政権獲得からちょうど一年、一三年一二月二六日、多くの人にとっては突然、安倍総理は靖国神社を参拝した。〇六年八月から七年、モラトリウムはここで破られたのである。筆者がモラトリウムの間に実現していただきたいと提案した三点は、何一つ実現されてはいなかった。

さて、今回の安倍総理参拝に対する国際的な反応は、小泉総理の六年間の靖国参拝に対するものとは全く違っていた。当然のことである。小泉総理が参拝を始めた〇二年と一三年とでは、国際社会の基本構造が変わっていたからである。〇二年台頭する中国の影はすでにいたるところに現れていた。けれども、その全体的印象は経済が中心であり、中国の根本政策はまだ「韜光養晦《とうこうようかい》」の下にあった。しかし、一三年、中国は、間違いなく東アジアにおける軍事的脅威になっており、東シナ海においても南シナ海においても武力衝突を引き起こしかねない国となっていた。これに対峙するアメリカは元より、脅威を正面から受けている日本、ベトナム、フィリピンなどは、この中国に対して、「抑止」と「対話」の組み合わせによって、事態を打開するしかない。「対話」の基本、「イロハ」中の「イ」は、「不必要に相手を挑発してはいけない」ことである。

靖国問題に対する日本人の想いがなんであれ、安全保障の根幹が揺れているときに靖国参拝に突き進んだ安倍総理に、世界は愕然《がくぜん》としたとしか言いようがない。最も驚き怒ったのはアメリカである。在日米国大使館を通じて「日本は大切な同盟国であり友好国だが、日本の指導者が近隣諸国との関係を悪化させるような行動を取ったことに、米国政府は失望している」との声明を出した（二七日『朝日新聞』）。中国との対峙に外交・安全保障の精力を傾ける一方、次章で述べるように、尖閣問題をめぐる日中対立の行方に神経をとがらせるアメリカは、すでに一〇月のケリー国務長官とヘーゲル国防長官の千鳥ヶ淵戦没者墓苑への参拝に象徴されるように「靖国問題を今荒立てないように」というメッセージを様々な形で出していた。「失望」と言う言葉の背後に、激烈な怒りの気持ちがあったとしても少しも不思議ではない。

中国政府は一挙に日本批判を繰り広げ、中国マスコミは全面的にキャンペーンを張った。二六日、秦剛《しんごう》報道官は「靖国神社は日本の軍国主義が対外的に行ってきた侵略戦争の象徴だ」と言う従来の主張を繰り返し、中国政府が「強い憤りを示す」と言う談話を発表した（二六日夕刊『産経新聞』）。王毅外相も同日木寺昌人《きてらまさと》駐中国大使を呼び「強烈な抗議」を表明（二七日『産経新聞』）。さらに同外相は、三〇日、三一日にかけてケリー米国務長官、ロシアのラブロフ外相、韓国の尹炳世外相などと協議、新華社通信は、一連の協議で安倍晋三首相の靖国神社参拝が議題になったと強調した（二〇一四年一月三日『産経新聞』）。これから約半年間、主要国の中国大使はいっせいに安倍政権への批判を任国のマスコミに展開した。米国の怒りが本物であったのに比べ、中国は安倍政権の行動を自国外交の世界優位のためにフルに活用していた。

様々な理由から、程度の差はあっても、韓国、ロシア、EUがこの中国の動きに同調した。韓国政府は一三年一二月二六日「嘆きと怒りを禁じえない。韓日関係はもちろん、東北アジアの安定と協力を根本から傷つける、時代錯誤的な行為だ」と批判。同日、金章洙《キムジャンス》国家安保室長が主催して今後の対日外交について協議、政府関係者は「来年上半期までは、事務レベルでの会談でも韓国政府にとっては負担になるだろう」と当面の外交停滞を示唆した（二七日『読売新聞』）。

二六日ロシア外務省も「遺憾の念を呼び起こさざるをえない」との声明を発出（二七日『朝日新聞』）。EUのアシュトン外交安全保障上級代表の報道官も同日「地域の緊張緩和や中韓両国との関係改善の助けにならない」と批判した（二七日『共同通信』）。

ようやく実現した安倍・習近平会談

靖国参拝は、その日のうちに、米中韓露EUの対日包囲網を形成させた。参拝が概《おおむ》ねこういう結果になることが予測できたにもかかわらず、なぜ安倍総理はこの時点で参拝したのか。この時からしばらくの間筆者は「理解に苦しむ」外国人からしばしばそういう質問をうけた。推測を交えてこう答えてきた。

①安倍総理にとって一番つらい時期は、前回の政権を体調によって放棄せざるをえなかった時だったと思う。
②その苦しい時期から再度首相に返り咲くまで、決して総理の傍を離れなかった人たちがいる。総理にとってその人たちとの関係は、何よりも大事なものなのではないかと思う。
③その人たちとの間で、「今度総理になったら必ず靖国に行く」と言う約束の様なものが形成されてきたのではないか。
④この約束を遅くならないうちに実現することは、安倍総理にとってはすべてに優先する課題だったのかもしれない。衆参両院を予定通り制覇し、経済とともに安保その他の重要政治課題に入るに当たり、政権一年目の転換点は、その約束を果たす最適の日と映ったのかもしれない。「今しかなかった」という官邸筋としてしばしば聞こえてきた判断は、そういう意味ではないか。
そうだとすれば、一三年の一二月に一回参拝した後、安倍総理にとって、必ずしもこの問題を正面から継続したいわけではないのかもしれない。一四年の安倍外交の動きをみると、靖国問題をめぐる国際的な批判の波は概ね半年ほどで収まり、一一月北京で開催されたＡＰＥＣ会合の際、安倍・習近平会談を一〇日に開催するところまで進んできた。もち

ろん尖閣問題が大きな困難だったことは疑う余地もないが、靖国問題は、事前に合意された首脳会談開催の条件ともいうべき四項目合意（一一月七日「日中関係の改善に向けた話し合い」）の中のもう一つの重要な柱であった（注2）。

中国側は「靖国神社に行かないことを約束しろ」という立場だったのに対し、日本側は少なくとも「安倍総理は靖国神社に参拝しないとは絶対に明言しない」という立場だったと察せられる。この点について、この合意文書には「双方は、歴史を直視し、未来に向かうという精神に従い、両国関係に影響する政治的困難を克服することで若干の認識の一致をみた」とのみ記されている。ここには靖国神社という名前は出てこないが、「両国関係に影響する政治的困難」が靖国参拝を指していることは明らかである。

ここで注目すべきは、「若干の認識の一致」という表現である。この「若干の」が一体何を意味しているのか、この文書からは読み取れない。しかし、正にそれでいいのだと思う。日本側はこの表現を入れたことで、安倍総理が靖国神社に参拝しないとは明言していないという立場を確保することができた。中国側を説得して靖国参拝を認めさせることができたわけではないが、靖国に参拝しないという言質を与えないことには成功したのである。

他方、中国側は、安倍総理に靖国に参拝しないことを約束させることができたわけではないが、もし靖国に参拝すれば「両国関係に影響する政治的困難」をもたらすというメッセージを伝えることはできたことになる。

重要なのは、「若干の」という言葉の意味をこれ以上詰めないことだった。この文書の優れているところは、双方が自分にとって都合の良い解釈ができる余地があるという点であり、その意味で、典型的な同床異夢の文書と言える。お互いの立場が非常に乖離《かいり》していて埋められない場合に、そのような形で問題を処理するというのは外交上の知恵だといってもよい。

問題はこれからである。もう一回靖国に参拝すれば、日中関係は少なくとも大きく軋《きし》むし、再び対日包囲網ができることもほぼ疑いがない。と言うことは、安倍政権に関する限り、絶対に裏切ることができない人たちへの約束を果たした後に、靖国問題はひとまず終わったのだろうか。

提言 「戦争責任問題」の当面の解決

しかしそれでは、ここでまたモラトリウムに逆戻りし、靖国の本質にかかわることについては再び何もしないということで終わってしまうのか。

釈然としないところがある。

太平洋戦争が終わるまでに国のために命を捧げた人たちに報いる場所として、筆者は靖国に勝る場所はないと考えてきた。それはあまりにも多くの人たちが、英霊もその家族も「靖国で会おう」という物語を背負って生き、亡くなっていかれたからである。

そういう大事な場所であるなら、今看過しえないもう一つの問題がある。七八年のA級戦犯の合祀以来、昭和天皇が靖国にお越しになったことがなく、また、今上陛下も靖国に行かれないということである。

英霊が靖国で会おうと言ったのはまず家族であり、友人であり、故郷の仲間たちであった。しかし、圧倒的多数の当時の日本軍人の心の中には日本国家の中心に天皇制と天皇陛下がいたのである。英霊が再び会いたいという気持ちを持つとしたら、それは、首相というよりも、正に天皇陛下なのではないだろうか。問題に正面から向かわないがゆえに、これからも、この矛盾を解決しないままで靖国問題を抱えていくのだろうか。

靖国問題の本質論は、比較的明快だと思う。敗戦になったとき占領軍は、戦争に至るイデオロギーとしての国家神道を根絶しようとした。国家神道の中心とみなされた靖国神社についてはいくつかの考え方が浮上したが、結局四五年一二月一五日の神道指令により、靖国神社は、戦没者を慰霊するという役割を持つ宗教法人として存続することとなった。その一年後、四六年一一月三日に公布された日本国憲法第二〇条によって、政教分離、すなわち、政治の宗教活動への介入が禁止されることになった。

ここに大いなるねじれ現象が固定された。戦没者の慰霊とは、本来国家が責任を持ってなすべき事柄である。その機能が靖国神社に丸投げされた。しかも、憲法二〇条によって、丸投げされた後の慰霊の仕方には国は介入できないということになった。

A級戦犯をいかに慰霊するかは本来国家として考えるべき最重要の問題のはずである。それについて、いったん靖国神社と言う宗教法人の管轄に入れたら国家として発言・決定ができなくなるということほど、無責任な態度はない。

この問題をどう解決するかについては、国家として、戦争責任に対する二つの根本的考え方をふまえてそれなりに整理した考え方をつくり、それを基礎に、靖国神社とよく話し合うという態度をとるべきではないか。いったん丸投げしたから、もはや国として考えることはないという無責任な思考停止は、もうやめねばならない。

さて、そう考えた時にどういう結論が適切か。筆者の意見は、昭和の戦争あるいは明治以降の戦争のあり方を考えるときに、特定の時代の特定の集団のみに責任を負わせるという厳密な線引きの思想を適用することは難しいということである。そうであれば、応分の責任を負うという考え方によって日本全体の責任を認めることになる。けれども、その考えに立ったとしても、その中での指導者と指導されたものの責任の程度をどう考えるかは依然として難問である。

しかもこの考え方は、七二年の関係正常化の際に中国側から提示されて以来四〇年以上日本政府が黙認してきた周恩来テーゼと直接的にぶつかる。

そうだとすれば、今回とりうる結論は、もしかしたら前述の二つの考え方の様な二者択一ではなく、問題解決に向かってのさらなる段階論なのではないか。そう考えがすすんでいるときに、図らずも一五年一月のテレビ番組で、古賀誠《こがまこと》氏の意見が再放送されているのを聞いた。

古賀誠氏は長く遺族会の会長をされ、すでに二〇〇八年にA級戦犯合祀について公に疑問を提起され、分祀不可能論は理解できないことを明言された方である。しかし、合祀問題をいかに解決するかについての具体論は、マスコミを通じて筆者の目にふれたことはなかった。

今回のテレビ再放送はそうではなかった。古賀氏は、六六年にA級戦犯の祭神名票が厚生省援護局から靖国神社に送られて以来、七八年 松平永芳《まつだいらながよし》氏が宮司になられた直後に合祀が行われた史実を振り返られ、段階的な解決案として、一四名の名簿を、まず、この六六年から七八年の間の状態に戻すことを提案されたのである。

これは誠に興味深い提案だった。日本をとりまく国際関係を考えるとき、三章で述べる尖閣問題や、五章で述べる北方領土問題についての私の「段階的解決」の考えに非常に似通った発想だった。

いわば「靖国あずかり」という新しいモラトリウムの創造によって、天皇陛下の参拝と中国との和解と言う二大目標を実現するための条件づくりをやってみようという案なのである。この提案が速やかに受け入れられたとしても、そういう目標が直ちに実現できるか否かはわからない。けれども、これこそ、やってみるに値する案なのではないだろうか。

提言　「遊就館問題」の当面の解決

しかし、もう一つ考えておかねばならない問題がある。アメリカの一部のインテリにある遊就館歴史観に対する強い反発を考えると、現状についてもう一回考察を加えておかねばならないと思う。

筆者が、〇六年に提案した、遊就館には英霊個人に関するものを残し、戦争史観に関するものは政府の責任で総合的に整えるという案が理想的であると考える点は、少しも変わっていない。

遊就館の歴史認識部分は、宗教法人たる靖国神社に歴史を語らせ、憲法二〇条によって靖国に介入できないことを隠れ蓑《みの》にして一定の史観を流布させながら自らは責任をとろうとしない、日本政府の無責任さを露呈しているように見える。

けれども、市ヶ谷台一号館を国としての歴史館として活用する可能性をほかならぬ防衛省自らが壊したり、昭和館展示の際には左右の対立を克服できなかったりする日本社会の限界を見れば、そのような総合的な展示を行う機がいつ熟するかは定かではない。これを待つならば、再び、何事も動かなくなるかもしれない。

それよりも当面現実的なことは、遊就館の展示の内容を少しでも日本と世界の常識に合った形にすることではないか。

そういう視点で見る遊就館の展示内容で、筆者が違和感を感ずる部分は、決して多くない。しかし一か所、どうしても違和感の残るものがある。それは、南京事件の部分である。現在の展示は、あたかも南京では通常の戦闘が行われただけであるという記述になっている。

正確に、何名の中国人が殺害されたかについて諸説があることは、十分に承知している所存である。しかし、看過できないほどの残虐行為が行われたことは、否定のしようがない事実ではないのか。

帝国陸軍の親睦《しんぼく》団体「偕行社」は、一九八二年の教科書問題のあと、自らの調査によって、南京事件の真相に迫ろうとした。その結果、三千人から一万三千人の不法な殺害があったとの結論に達し、機関紙『偕行』の一九八五年三月号（一八ページ）に、総括の文書として、以下を掲載した（注3）。

中国人民に深く詫びる。重ねて言う。一万三千人はもちろん、少なくとも三千人とは途方もなく大きな数字である。日本軍が「シロ」ではないのだと覚悟しつつも、この戦史の修史作業を始めてきたわれわれだが、この膨大な数字を前にして暗然たらざるを得ない。戦場の実相がいかようであれ、戦場心理がどうであろうが、この不法処理には弁解の言葉はない。旧日本軍の縁につながる者として、中国人民に深く詫びることしかない。まことに、相すまぬ、むごいことであった。

この調査の基礎になった資料をとりまとめた『南京戦史』（一九八九年）はどのように読んでも、一級の一次資料の集積であり、立派な論文と判断される。数の問題では、諸説がある。しかし、帝国陸軍の名誉のためにだされた帝国軍人の末裔《まつえい》の方々の結論を、靖国神社は引き取り、堂々と展示してもよいのではないだろうか。

「偕行社」の分析とその結論「中国人民に深く詫びる」は、日本帝国の道徳的矜持《きょうじ》を何よりも示すことになろう。同時に、そこに導き出される「三千人から一万三千人」と言う数字は、事件の実相についての最も力強い客観的な分析を示すことにもなろう。歴史に対する謙虚さと矜持をもって初めて、遊就館の陳列窓の一角から発するこのメッセージは、南京の「三〇万の犠牲者」という広大な記念館に匹敵する光芒《こうぼう》を放つに違いない。

注1　「戦争責任についての二つの考え方」および「戦争責任に対する中国の見方」の二節の記述は、拙著『歴史認識を問い直す』（角川新書、二〇一三年、一〇八～一一九ページ）にて述べ

たことに依拠している。

注2 「四項目合意」の外交上の知恵については、拙論「日中首脳会談の真実：日本は領土問題の存在を認めていない」(『月刊日本』二〇一四年一二月号、三九ページ)にて論述。

注3 「偕行社」による総括文書の検討については、拙論「均衡のとれた歴史認識のために」(講談社『本』January 2009、五五~五六ページ)に論述している。

第三章

尖閣問題

対中国外交と日本の安全保障

尖閣を歴史問題にしてはいけない

日本にとっても、中国にとっても、尖閣諸島問題は、「今のところ」、領土問題であって、歴史問題ではない。(中略)

ここに、実に注意を要する問題が残る。歴史問題としての側面である。かりに欧米列強がつくった国際法上、日本の尖閣領有が合法的と判示されても、中国人の目からみれば、これは、日本帝国の力の拡大の中で、日清戦争、台湾併合という、中国にとって最も思い出したくない過去の歴史の中で起きたことである。

清の関心地域という程のものであったとしても、くずれゆく帝国から日本が力に任せて奪っていったという側面に火がつけば、ナショナリズムの爆発につながりうる。

保阪正康・東郷和彦『日本の領土問題』(角川新書、二〇一二年、一一五・一三一ページ)

「歴史問題化」により尖閣侵入は正義になった

一二年九月一一日、日本政府が尖閣諸島のうち、魚釣島《うおつりじま》、北小島《きたこじま》、南小島《みなみこじま》の民法上の所有権を、民間人から国に移したことをきっかけに、同月一四日以降、中国公船は荒天の日を除きほぼ毎日接続水域に入域するようになり、さらに、毎月おおむね五回程度の頻度で領海侵入を繰り返すようになった。侵入のデータは海上保安庁のホームページ「尖閣諸島周辺海域における中国公船等の動向と我が国の対処」で即座に公表される。

領海侵入の理由について、一二年九月二五日、中国政府は網羅的な「釣魚島《ジャオユイダオ》は中国固有の領土である」白書を発表、その結論部分にこう記している。

「中国は終始釣魚島海域で恒常的な存在を保ち、管轄権を行使している。中国海洋監視船は釣魚島海域でのパトロールと法執行を堅持しており、漁業監視船は釣魚島海域で常態化したパトロールと漁業保護を行っており、その海域における正常な漁業生産の秩序を守っている。（後略）」（在日中国大使館ＨＰ）

このような中国政府の政策は、日本政府として決して容認できるものではない。中国は、その主権的な権利として、いかなる土地も自国領と主張する権利はあるだろう。日本がそれを認めないとしても、意見を言って交渉を求めるのは、中国の自由である。けれども、自国の立場を主張するにあたって実力を行使し、領海侵入をもって領有権を主張することを認めるわけにはいかない。

日本政府が尖閣領有を開始してから一一七年間平穏にこれを実効支配していたところに、組織的・継続的・恒常的に外国の公船が「自国の領有を誇示するため」に入ってくる事態が起きてしまったのである。

筆者が携わってきた北方領土交渉で、日本がロシアに対して、実力をもって、政府の公船を四島の領海の中に入れることを考えたことは、一度たりともなかった。

それは、現在の日本国憲法の下で外交を行うべく宿命づけられていた筆者の世代の特徴でもあったし、国連憲章の下で、いかなる武力の行使、または、その威嚇も禁じられている第二次世界大戦以降の国際秩序の下では、許されない行為と考えてきたからである。

国連憲章上の武力行使の例外措置である、自衛権の行使にも、安全保障理事会が決める集団安全保障によっても、尖閣諸島領有の実力による正当化が許されないことは、ほとんど自明と言ってもよい。

少なくとも、近来の中国の行動は、日中平和友好条約で中国が自ら否定した「覇権主義」以外の何物でもない。

にもかかわらず、このような行動を正当化し、中国国民を惹《ひ》きつけるために、中国政府は、一つの「物語」をつくり、それを、中国国民と世界の世論に訴えることに成功した。

その物語とは、「尖閣諸島は、一九世紀、清朝が弱体化したのに乗じて、日本帝国が侵略し、窃取した領土だ」というものである。ナショナリズム台頭時の中国民衆にとって、この領土問題の「歴史問題化」は、猛烈な起爆力を持っている。こうなると、国際法上の理論の正当性など、ほぼ意味を失う。

政治は弁解の利かない結果論である。冒頭に引用した保阪正康氏との共著『日本の領土問題』で述べた「尖閣諸島問題が歴史問題化することによって火を噴く懸念」が、その半年後にかくも正確に現実のものになったのは、思えば遺憾の極みと言わねばならない。

さらに、この物語を定着させるために、中国側は、もう一つの物語をつくって、その定着のために、巨大なエネルギーを使っているようである。

「最初に手をだしたのは、日本である。日本政府が、尖閣における実効支配を強め、中国の立場を弱めるために尖閣を国有化した。それをやったのは、石原慎太郎《いしはらしんたろう》知事と野《の》田《だ》佳彦《よしひこ》総理の連係プレーによる」という物語である。石原・野田陰謀説と言ってもいい。

二〇一二年の日本の状況を見れば、これが全く事実に反するということは、わずかなりとも日本を知っている人ならば、全員が分かることである。石原知事が「都が買う」というのに対し野田首相が「いや、国が買う」としたのは、東京都が買うと難しい問題が起きかねない、国が所有するのが事態を収めるためには最善だと考えたからだった。当時私も、国が買うのが一番いいと主張してきたが、正にそういう考えからだった。

中国当局がそういう真実を分かった上で、陰謀説を執拗《しつよう》にくりかえしていたのか、それとも、本当に陰謀説を信じていたのか、判断する決め手がない。

石原知事が「都が買う」と言ったのは一二年四月である。三か月後の七月に野田首相は「国有化する」と言い出し、九月初めになって、国有化を決定した。この間中国側の要路から「日本は尖閣に立ち入らない、建造物を造るなど開発しない、調査を行わない。この三つのNOを守るなら、中国外交部は国の購入に立場上反対声明を出すにしても、それ以上に強硬な手段をとることはしない」と言うメッセージが来ていたという複数の情報があった。

他方、九月九日に行われたアジア太平洋経済協力（APEC）首脳会議で、中国の胡錦《こきん》濤《とう》国家主席は野田首相に対し、「これ（尖閣の国有化）をやったら大変なことになる」と語り、国有化は受け入れられないことを述べた。

しかし、日本政府は、内定した手続きに従い、九月一〇日の関係閣僚会合、一一日の閣議で尖閣の購入を決めた。

にもかかわらず、一三日八時五分の『人民網』（人民日報の電子版）日本語版には、依然として、曲星《チユーシン》中国国際問題研究所所長の発言として、「三つのNOを守るなら国交回復当時に双方の約束した共に棚上げするという状況にほぼ等しい」という発言が繰り返されている（http://j.people.com.cn/94474/7946232.html　二〇一五年四月一日アクセス）。

中国専門の研究者は、九月一四日に釣魚台国賓館で会議が開かれ、そこで方針が変わり、日本に対し長期的対決姿勢をとることが決められたという。ここで、強硬派の習近平が柔軟派の胡錦濤を抑え込んだという説がある。中国側の「政争説」といってもよい。

こういう事態に至るいかなる経緯があったにしても、結局日本側にとって絶対に認められない政策を中国側が実施する現実が発生してしまったのである（注1）。

「抑止」による対応は不可避である

事態がここまでくれば、日本政府の打つ手は二つしかない。「抑止」と「対話」である。国際関係論の教科書にでてくる様々な理論も、筆者の見る限り、結局紛争を解決する手段はこの二つの組み合わせが常にその基本にある。

中国公船の尖閣領海への恒常的な侵入という時限爆弾を引き継いだ安倍政権にとって、まずしかるべき抑止政策を実施することは、避けて通れない道だった。

抑止の方向は、自衛隊と国境警備力をあわせた広い意味での防衛力の整備と、憲法体制を含む広い意味での制度の整備の両者からなる。安倍内閣はすぐにその準備に入るが、それが本格的な形をとったのは、一三年夏の参議院選挙に勝利した後である。

まず防衛力整備の基本的な方向性が、一三年一二月一七日の閣議決定による「平成二六年度以降に係る防衛計画の大綱」及び「中期防衛力整備計画（平成二六年度〜平成三〇年度）」によって決められた。「統合機動防衛力の構築」と言う考え方に基づき、二六年度の予算は、「各種事態における実行的な抑止及び対処並びにアジア太平洋地域の安定化及びグローバルな安全保障環境の改善」を図りながら「警戒監視能力、情報機能、輸送能力及び指揮統制・情報通信能力のほか、島嶼《とうしょ》部に対する攻撃への対応、大規模災害等への対応並びに国際平和協力活動等への対応」が重点目標となった。均衡のとれた形が求められてはいるが、「島嶼部に対する攻撃への対応」がどの国を念頭に置いているかは専門家でなくても明白な内容となっている。

防衛関係予算の規模については、すでに、平成二五年度予算で前年度比〇・八％増、二六年度予算で前年度比二・二％増、二七年度予算で前年度比〇・八％増という明確な拡大路線に舵《かじ》が取られ、二七年度の総額は四兆八二〇〇億に達している。

体制の整備については、一三年末に重要な決定がなされ、一二月四日にそれまでの法律を改正する形で「国家安全保障会議」が設置され、同月一七日に新設されたこの会議と閣議によって「国家安全保障戦略」が決定され、一四年一月七日に事務局となる「国家安全保障局」が発足、初代の事務局長には谷内《やち》正太郎《しょうたろう》元外務次官が就任した。

以上の動きに合わせて、「特定秘密の保護に関する法律」が一三年一二月六日に成立、同月一三日に公布された。施行は、一年後の一四年一二月一〇日となった。

「抑止」と憲法の解釈改正

以上の体制整備を踏まえて二〇一四年以降に進められた最も重要な動きは憲法の解釈改正を含む新しい防衛安保体制の構築である。七月一日の安保会議及び閣議で「国の存立を全うし、国民を守るための切れ目のない安全保障法制の整備について」が決定され、一五年三月二〇日、閣議決定の内容を法案化するための与党協議会が合意に達し「安全保障法制整備の具体的な方向性について」が採択された。一五年春から夏にかけての関連法案審議の態勢が整ったといえよう。
この問題については日本国内に様々な議論があり、国論が統一されているとは言えない。筆者は、安倍政権がとっている一連の政策を基本的に支持するものであり、筆者の見解をまとめておきたい。

筆者は一九四五年に生まれ、敗戦・そこからの離脱・高度成長・バブルの崩壊とめまぐるしく動く日本社会の中に身をおきながら、外務省で対ロシア関係や条約関係の仕事をする中で、この問題についての日本の現状について、次第に違和感を感じるようになった。

憲法九条が掲げる「日本はもう戦争国家にはならない」という平和主義には何の違和感もない。けれども、「絶対平和主義」とも言える九条の解釈に固着し、外で起きている平和と戦争の問題を、日本が参画しうる問題として考える力を失っていく傾向には、強い違和感を感じるようになった。その意味で今回の閣議決定で決められたことは、内容的には遅きに失したものであり、九〇年代前半、冷戦の終了とともに本来実現してもよかったものと考えている。

憲法九条はその起草の過程からすると、アメリカ占領軍のリベラル派の理想主義が強く働いたようであり、当時の日本人と日本政府の大部分を驚かせたが、同時に、戦後日本人の中に深く刻まれた「今後いかなる戦争にも参加しない」という気持ちを反映したものでもあった。私たちの父や祖父の時代の人たちはこの憲法の下で懸命に働き、一九八九年、昭和の終わり、冷戦の終わりには、冷戦の勝者のアメリカをも心底恐れさせる「経済大国」になった。

国の安全保障についても、日本は何もしてこなかったわけではない。九条の解釈として、「自衛のための戦い」は禁止されておらず、そのための力を有する「自衛隊」は九条違反ではないという政府解釈が国民の支持を得るようになり、自衛隊の社会的地位も、関係者の粘り強い努力によって、ゆっくりとではあるが確実に向上してきた。

けれども、結局のところ日本は、発展した経済力をもって世界をリードする立場にたったものの、世界問題の根幹を構成する平和と戦争の問題への参画を避け、この間に、少しずつ大切なものを失ってきた。

一つは、平和は、祈るだけでは決して訪れないという国際社会の真実である。「諸国民の公正と信義に信頼して」国の安全を保持するという憲法前文は、人類の理想としては限りなく大切なものであるが、現実の平和は、古今東西、力の均衡と安定の上にのみ成り立つ。現下の国際社会で唯一と言ってもいいルールを決めている国連憲章の考え方も、正にそういう考えの下でできている。日本だけが「自分は戦争には加わりたくない」からといって、平和のための力の提供者から抜け落ちたら、日本は、平和の構築のための汗と血と責任を他国に委《ゆだ》ね、その果実のみを享受しようという、利己主義・自己中心国家になってしまうのではないか。

冷戦のいわば第二の勝利者になった頃から、アジアと世界の平和を構築するために何をなすべきかという積極的視点に立って、日本は動き出すべきではなかったか。しかし、現実の問題として起きたのは、九一年から九二年にかけての湾岸戦争であり、いかようにもこの戦争に参加する態勢をとれなかった日本の一国平和主義への固着だった。

さらに、最低限の自衛力のみを持つ一国平和主義の立場に立つとしても、世界政治の現実の中で、それだけでは国を守りきれない。日本は、その間隙《かんげき》を埋めるものとしてアメリカの役割に期待し、日米安保条約は日本外交の基軸と言われつづけてきた。私たちは日米安保に安住するあまり、いわば対米依存症ともいうべき惰性に囚《とら》われてしまった。

現行安保条約は、万一日本が攻撃された時にはアメリカが日本の側に立って参戦し、日本はアメリカに対し基地を提供するという形で、双方の利益の均衡が図られている。この条約は、一九五一年にサンフランシスコ平和条約と共に結ばれた旧安保条約を一九六〇年に改定し、今日に至ったものである。六〇年安保締結当時「安保反対」は国民世論の一大合唱となり、戦後日本の学生・市民運動がこの時ほど盛り上がりを見せたことはなかった。しかし、その後の歴史の流れは、条約改定をリードした人たちに先見の明があり、条約が歴史的使命を果たしてきたことを示している。

安保改定の第一の目的は、旧安保に明記されていなかったアメリカの日本防衛義務をはっきり書かせることであり、改定第五条にいう「日本国の施政の下にある領域における」武力攻撃に対し「共通の危険に対処するように行動する」という規定は、そのために導入された。

ところが、よく考えれば、この安保条約ができすぎていたのかもしれない。少なくとも日本側は、いわば条約改定の時から、このできすぎ部分をどう是正していくかについて考え続けていなければならないはずであった。憲法九条の下での安保五条は、「アメリカの兵士は日本が攻撃された時には命をかけ、日本の兵士は憲法上アメリカが攻撃された時にこれを助けることを禁じられている」ということになる。このことを正面から言われれば、いかなるアメリカの大統領も世論も、これは受け入れられない。基地の提供との間でバランスをとっているといっても、米軍の極東におけるプレゼンスはそもそも日本の利益にもなっているのではないかという議論によって吹き飛ばされる。基地の矛盾の解決には沖縄《おきなわ》問題への対処が不可欠だが、それだけで安保の構造問題である非対称性の解決から逃れるわけにはいかない。

アメリカの極東ないしアジア戦略に欠陥があったとして、それを日本が正面から批判しても、自己中心的な対米依存を続けながら言う批判は効果が薄い。

しかも今回一四年七月一日にできあがった閣議決定は、現下の日本の政治的現実を反映し、従来の憲法解釈との共存となった。政治的には与党内の自民党と公明党の妥協が基礎となり、官僚の世界でいえば、内閣法制局と外務省条約局の立場が両方立つような、合一文書ができあがっていた。作成の経緯をみれば、フランス大使から法制局長官の任につき、両組織が受け入れうる一つの考え方をまとめていった小松一郎《こまついちろう》氏（故人）の、命をかけた努力の跡のように見受けられた。

閣議決定の最も重要な部分は、第一に、集団的自衛権行使の部分である。私がこれまで理解してきた集団的自衛権とは、「同盟関係に立つ国同士は、相手国に対する武力攻撃を自国への武力攻撃と見做《みな》してお互いに参戦しうる」という国際法上の権利である。正にこれまで、憲法の解釈として実施しえないとされたものである。

しかし、集団的自衛権の権利行使の範囲は今回の閣議決定ではさらに縮小された。①日本と密接な関係のある他国が攻撃され、その結果、日本の存立を脅かすような明白な危険が日本自身に対しておきた場合において、②それを排除するに他の手段無く、③必要最小限度の実力行使にとどまることが、憲法上許される実力行使の範囲内とされたのである(「新三要件」)。いわば、これまで法制局が主唱してきたギリギリ許容される個別的自衛権の範囲内に収まる集団的自衛権のみを、認めたと言ってもいい。

第二に、後方支援とPKO活動における武器使用の二つの分野がある。この分野は、自衛隊自身は戦闘行動を行わないが、安保理の決議に基づいて行動する他国軍を後方支援したり、PKO活動に参加したりすることにより、国連憲章下での自衛隊の行動範囲をこれまで広げてきたものである。閣議決定は、後方支援については戦闘地域の定義を柔軟化することにより、武器使用についてはその条件を緩和することにより、自衛隊の活動の範囲をさらに一歩広げることとした。

第三は、武力攻撃に至らない侵略への対応の分野であり、これは海保と海自の切れ目のない活動をはじめとして、当然になされるべきことを、今回の決定で迅速に実施するものと理解されよう(注2)。

一五年三月の安保法制与党協議会による立法化についての合意は、大筋、以上の一四年七月一日の閣議決定で明示された点を確認するものであるが、内容的に一歩進めたのはいわゆる「恒久法」の整備を明確化した点にある。これは、従来は、9・11後の湾岸への海上自衛隊にせよ、イラクへの復興支援にせよ、国連決議を基礎とする自衛隊の海外派遣には、そのたびに単独立法が必要だった。与党協議会が合意した「国際社会の平和と安全への一層の貢献」の第一項目「国際社会の平和と安全のために活動する他国軍隊に対する支援活動」は、一定の条件を満たす支援を可能にする恒久法としての「新法」を検討することになった。提起されている条件は「国連決議に基づくものであること又は関連する国連決議があること」をはじめとしておおむね妥当な項目が並んでいると看取された。

後方支援における自衛隊の活動の範囲がひろがってくれば、それを基礎に、一九九七年の日米防衛協力のための指針を新しい実態に合わせて改定することは自然の流れになる。安倍総理の訪米日程とタイミングを合わせた形で、四月二七日、日米両政府は新たな「日米防衛協力のための指針」（新ガイドライン）を合意した。

これらの準備を経て、五月一四日、後方支援のための新しい恒久法「国際平和支援法案」と一〇本の改正法案を一括した「平和安全法制整備法案」の二本が閣議決定され、国会審議を待つこととなった。

実際のところこれから何が起きるのか。「集団的自衛権」に関して言えば、概念的に言えば、一四年七月の閣議決定で、解釈によって変更する範囲は極めてせまくなり、かつ、これ以上の範囲の拡大は実際の憲法改正が必要だという立場が表明されたことにより、憲法九条が体現する平和理念はむしろ明確化されたように思われる。

他方、実務的に、ある地域で、ある国がある国に対して攻撃を行った時、その攻撃が「日本自身に対する攻撃」と同じ明白な危険であるか否かの答えは、必ずしもすぐにでてくるわけではない。その問題について、国を挙げて考えなければならなくなる。執筆中の現在も憲法審査会にて参考人招致された憲法学者三人が新たな安全保障関連法案に対し「憲法違反」だと発言し、国民的な議論に発展している。筆者は、そのことはいいことだと考える。

国際社会における平和と戦争の問題に対して、アメリカが言ってきたからではなく、日本自身がどう考えるか、これからの日本はそういう自立した意見を言う機会が増えていく。「平和主義に立ちつつ現実の問題へのギリギリの参画を考える」、一四年七月の閣議決定がその道標《みちしるべ》となることを望むものである。

国連憲章を基礎とする国際平和への貢献についても、恒久法の設定を含めて、日本の国際協力を言わば普通の国際水準にあげようとして、九一年の湾岸危機以来営々と努力してきたことが、ようやく一つの結節点を迎えたように見受けられる。

中国政府との対話の開始

さて、日本の基本的な対中政策は、「抑止」と同時に「対話」である。「抑止」力をつけているのは中国と戦争するためではない。戦争を正に「抑止」するために行動しているのである。その日本の言うことは信頼に値する、それを解らせるためには、時間をかけた対話を行い、お互いが口で言うことは信頼できるということを行動で納得させねばならない。

一三年一二月二六日の靖国参拝によって対話への機運がいったん崩れた後、一四年は、対話の再開への努力の年だった。

しかし、日本の対話力を一つ大きくつけたのは、四月のオバマ大統領の日本訪問であり、二五日に発表された「日米共同声明：アジア太平洋及びこれを越えた地域の未来を形作る日本と米国」だった。米国政府はこの共同声明で、尖閣問題に関する日本の立場を、現時点で米国政府として表現しうる最も踏み込んだ表現をもって支持したのである。

まず第三パラグラフで、米国の基本的な安全保障政策として「日米両国は、事前に調整することなく東シナ海における防空識別区の設定を表明するといった、東シナ海及び南シナ海において緊張を高めている最近の行動に対する強い懸念を共有する。日米両国は、威嚇、強制または力による領土または海洋に関する権利を主張しようとするいかなる試みにも反対する」と述べた。尖閣と言う名前を使ってはいないにしても、中国の尖閣政策に対する強い批判が透けてみえる。

さらに第四パラグラフにおいて防衛協力の観点から両政府は踏み込む。「米国は、最新鋭の軍事アセットを日本に配備してきており、日米安全保障条約の下でのコミットメントをはたすために必要なすべての能力を提供している。これらのコミットメントは、尖閣諸島を含め、日本の施政の下にあるすべての領域に及ぶ。この文脈において、米国は、尖閣諸島に対する日本の施政を損なおうとするいかなる一方的な行動にも反対する」。「反対する」として使われている言葉は「oppose」であり、これは「賛成しない disagree」や「異議を持つ object」よりも強い。単に横で見ているのではなく、そこに立ちはだかるというニュアンスがある。過去においてもヒラリー・クリントン国務長官が退任の直前、一三年一月一八日に訪米した岸田外務大臣に口頭で述べたことが記録されているのみである。

オバマ訪日のあと、今度は日中の関係者の間で、安倍・習近平会談開催についての注意深い折衝が続けられたと見受けられる。その結果が、一一月一〇日APEC首脳会合の際に行われた日中首脳会談であり、七日に両政府間で合意された「日中関係の改善に向けた話し合い」と言う文書だったことは、前章で述べたとおりである。

それでは、尖閣問題はまずこの文書でどう扱われたか。

尖閣諸島に関する日本政府の見解は「領土問題は存在しない」というものである。これに対して、中国側は「領土問題が存在することを認めろ」と主張してきた。

今回の合意文書ではこの点について、「双方は、尖閣諸島等東シナ海の海域において近年緊張状態が生じていることについて異なる見解を有していると認識し、対話と協議を通じて、情勢の悪化を防ぐとともに、危機管理メカニズムを構築し、不測の事態の発生を回避することで意見の一致をみた」と合意した。

ここで重要なのは、「異なる見解を有していると認識し」という箇所である。日本はこれまで中国との対話において、「対話の窓は開いている」とまでしか言ってきていない。しかし、対話していく以上、相手国が「異なる見解を有している」と認識することは言わば当然の第一歩である。日本側は、今回その一歩の歩み寄りを見せた。しかし、「あなたとは見解が異なる」と言ったからといって、「領土問題は存在しない」という日本の見解が今回揺らいだわけでは決してない。

それでは、中国は今回、なぜ納得したのか。おそらく中国は、「領土問題は存在する」と言う見解そのものをひきだせなくても、日中間に「異なる見解がある」ことを日本が認めたということはそれに一歩近づいたとして、ひとまず納得したのではないだろうか。そういう意味で、中国も一歩歩み寄ったと言えよう。

外交の本質から考えれば、日中は、お互いに同じ程度歩み寄ったと認識すべきである。ワシントンで合意の直後に中国側がメディアへの情報発信に先手をうったという「中国、米で尖閣宣伝工作、有利な解釈、電話攻勢」という興味深い報道がある（『朝日新聞』一五年三月二三日）。国際情報戦には勝たねばならない。中国よりも早く、日本の主張を世界に発信する総合的な努力はもっとなされねばならないだろう。けれども日中が応分に引き分けたという七日の合意の本質は、そういうものとして理解されねばならない。

一一月一〇日の安倍総理と習近平との首脳会談は、習が硬い態度を取ったことが広くメディアに報ぜられたが、ともあれ、習・安倍の最初の首脳会談が開催されたのである。

中国との対話環境の変化

一四年一一月から本稿執筆の時点ですでに七カ月余りの時間が過ぎた。日中関係をめぐる状況もめまぐるしく動いている。一四年からの動きを総括して三点ほど最近の状況について述べておきたい。

第一に、一一月七日文書が述べたまず当面やるべきこととしての「危機管理メカニズム」の構築について。安倍・習会談以降、まずはこの目的のための協議を始めるという報道がでるが、結局、防衛当局間の事務レベル協議として最初の会合が開かれたのが一五年一月一二日、一二年六月に開かれた前回協議から二年半ぶりのことであった。協議では、①当局間の定期会合の開催、②当局幹部レベルのホットライン設置、③両国の艦艇や航空機など現場レベルでの直接通信の確立の三点が確認された（『毎日新聞』一五年一月一四日）。ついで、一五年三月一九日、四年ぶりの外務・防衛当局幹部による日中安保対話が東京で開催され、安保・防衛に係る諸問題を議論するとともに、自衛隊と中国軍の不測の衝突を避けるための「海空連絡メカニズム」の運用を早く始めるため作業を進めることも確認した（『朝日新聞』一五年三月二〇日）。

動きが速いとは言えないが、危機管理メカニズムの確立に向かって関係者の努力は確実に実をむすんできているといえよう。

第二に、地域の安全保障環境について。本章は、日中関係の諸問題に重点をおいて記述してきたが、中国の軍事力の急速な拡大とあいまって、東アジアにおける戦略環境の激変が引き起こされていることは否定のしようがない。公表された国防費は八九年以来二〇一〇年を除き二桁《けた》の伸び率を記録（防衛白書）。海軍力の増強による西太平洋における海洋覇権の確立を目指し、九〇年代より、第一次列島線から第二次列島線にいたる制海権の確立、A2AD（Anti-Access Area Denial）の確立、西太平洋からインド洋（アフリカをおさえる）及び東太平洋（中南米をおさえる）への交通路を確保し、北極海を含め、大西洋をのぞく世界の海への覇権を目標としていると解される。

当面の緊張は東シナ海（対日本）及び南シナ海（対ベトナム、フィリピン）において顕在化している。南シナ海における九段線理論による実力の行使は、関係国、特にベトナムとフィリピンとの緊張関係を激化させている。二〇一二年四月中沙《ちゅうさ》諸島海域におけるスカボロー岩礁でフィリピン海軍と中国警備隊が一触即発状況となり、フィリピンによる国際海洋法裁判所（ITLOS）への提訴に発展している。一四年五月には西沙《せいさ》諸島のベトナム沖で中国側の石油開発リグの一方的設置が行われ、ベトナム各地での激しい反中国デモに発展した。

第三に、他方、経済を基調とする中国の力の台頭は、中国主導の地域共同体の形成を含めて急激に発展している。これまでのアジアの経済共同体は、太平洋協力（太平洋経済協力会議PECC）に始まり、アジア太平洋協力に移り（アジア太平洋経済協力APEC）、そこから、東アジア協力（ASEAN＋3APTと東アジアサミットEAS）にいたっている。

しかしながら中国は、この太平洋から流れくる地域主義に対し、ユーラシア大陸を軸とする新しい地域主義創設に向かって動きはじめている。その出発点は「上海協力機構SCO」であり、ここから「アジア相互協力信頼醸成措置会議CICA」という新しい組織をえた。これに中国の金融力を核とする「アジア・インフラ投資銀行AIIB」とBRICSによる「新開発銀行NDB」という二つの銀行をいずれも本部を上海において開設したのである。

二〇一四年五月のCICAの会合で習近平が、「アジア人の手によるアジア」と言うことを明確に打ち出したことは、世界のパワーバランスの観点からいえば、アジアの地域関係からアメリカの影響力を排除しようという表現に聞こえる。CICAの大国は、中国・ロシア・インド・パキスタン・イラン・トルコの六か国であり、中国は疑いなくその実力において第一人者である。この組織が今後のユーラシア大陸の国際組織の中核となって浮かび上がるのか。

さらに二〇一五年四月最初の創設国会合が開かれたＡＩＩＢは、会合開始の直前には参加のドミノ現象を引き起こし、中国・インド・ロシア・ブラジル（ＢＲＩＣＳ）、ＡＳＥＡＮ一〇か国に加え、英独仏伊（Ｇ７）、オーストラリア・韓国・ニュージーランド、イラン・トルコ・パキスタン（ＣＩＣＡ）等五七か国を含むに至った。様子見の姿勢をとっているのは、米日カナダであり、今後の国際金融市場では、中国主導の新銀行とＩＭＦ、「アジア開発銀行ＡＤＢ」などのこれまでの銀行とのすみわけと協力の在り方の探求が始まることが予想される。

二〇一五年四月二二日バンドン六〇周年会合の際に行われた第二回目の安倍・習近平会談は、これらの両国をとりまく多様な問題が話し合われた模様である（外務省ＨＰ四月二三日「日中首脳会談」参照）。

提言　尖閣をめぐる中国との対話

さて以上のような激変する東アジア情勢の中で、日本の安全保障と外交にとっての最重要課題といってもよい尖閣問題について日本はどう対処するのがよいか。今首脳レベルを含む中国との対話の進展がみられる。そのこと自体は歓迎すべきことである。けれどもこの対話の現時点における最重要の目的は、尖閣への公船の侵入を止めさせることにある。世界も日本も、対話の進展を喜ぶあまり、外交と安全保障のこの基本的立ち位置が時に見えなくなりそうになる。恐ろしいことである。

筆者はこれまで長期的な対応策として以下の諸点を一貫して主張してきた。そう考えるに至ったのは、外務省時代の対ロシア領土交渉の経験が圧倒的な基礎となっている。

・歴史的・法的経緯からすれば、尖閣諸島は、日本の主権下にあるし、国際司法裁判所の判断を得れば日本の主張には十分の根拠がある。

・中国が尖閣領有を単独の問題として主張しはじめたのは一九七一年である。しかし、日中国交回復（七二年）、日中平和友好条約（七八年）において、周恩来は「今はやりたくない」と言い、鄧小平も「後の世代の知恵に任せましょう」と述べた。日本政府はこれに対する「暗黙の了解」を与えてきた。

・その結果、中国公船は尖閣領海には入らない、日本側は「上陸・建設・調査」を控えるという事実上の「棚上げ」と言うべき均衡が生まれ、種々の緊張と応酬はあったが、この状況は二〇一二年九月まで約四〇年続いたのである。

・しかし、中国の力の台頭とともに、尖閣の中国領海法内への規定（九二年）、公船の領海侵入（〇八年）が始まったことにより、この「暗黙の了解」状況に亀裂《きれつ》が入った。

・以上の状況の下で、日本政府は九〇年代なかばより、法的には最も強い「解決すべき領土問題は存在しない」という立場を折に触れてマスコミに流布するようになった。一二年九月以降の中国公船の恒常的な領海侵入下では、日本政府は「領土問題は存在しない」といい、中国側はまず「領土問題の存在を認めろ」と言う二つの立場が対立し、それは、一五年一一月七日の文書の交渉で最大の焦点になったことは既述の通りである。

どうしたらよいのか。一点を条件として、日中双方は、「領土問題があるかないか」についての神学論争から抜け出し、歴史的・法的議論を十分につくし、「尖閣諸島問題と共存する知恵」をさぐることを提言する。北方領土問題については、七八年から八五年まで旧ソ連のグロムイコ外相が「領土問題は存在しない」「したがって話をしない」と言う立場をとっていた（これは竹島に対する今の韓国政府の立場である）。八六年シュヴァルナゼ外相が登場した時、「領土問題は存在しない」けれども「話は聞きましょう」と言う立場に政策を転換。就任以来の安倍総理の立場はこのシュヴァルナゼの立場と基本的には同じである。安倍総理は、シュヴァルナゼ的な柔軟性を秘めた立場を活用して、むしろ中国を対話に誘引し、「尖閣諸島問題と共存する知恵」をさぐることこそ、理にかなっている。

ただし、そのためには、一つだけ条件がある。現在中国が既得権益化している「領海侵入」だけはやめさせねばならない。これが続く限り、日本側は武力の恫喝《どうかつ》の下での交渉を強いられる。これは絶対に受け入れられない。従って日本側の最重要交渉目標は、中国側が「好きな時に公船を送り込む」という「新現状維持」から、一九七二年から二〇一二年の間にあった中国側が領海侵入を自粛し日本側が三つのNOを維持するという四〇年間の「元現状維持」に戻すことにある。

現下の尖閣問題をめぐる日中間の難しさはすべてここに帰着する。中国は現在入手しつつある「新現状維持」から譲歩しない可能性がある。中国は当面の外交上・戦略上、以前よりはるかに有利な状況にある。国内情勢上も、過去の日本の侵略を強調しその象徴としての尖閣問題を存置する、少なくともそのカードを堅持することに利益を見出《みいだ》していくかもしれない。長期的に見て今の状況の継続で本当に良いかを疑う意見が中国内部にあったとしても、それが主流になるという保証はない。

中国が動く見通しが無い中で日本が動くべきでないという意見には、それなりの根拠がある。けれども、筆者はそう思わない。現状は日本にとって圧倒的に不利である。それを変えることに防衛と外交の勢力を集中することには意味があり、仮に企図する目的をすぐに達成できなくても、その政策意図を世界に明らかにすることによって、外交上のイニシアティブを高めることが可能になる。

日本側に外交上打つ手がないと決め込む前に、もう一度政府および国民一人ひとりに考えていただきたい。まず、中国が「入りたい時に入れたいだけの公船を送り込む」と言う現状は、日本の領土主権にとって致命的ともいえる状況をつくりだしているということである。日本は、領土主張を実態的に維持できずに最低限の統治能力すら欠いていることを世界に示してすでに二年を超えている。

海上では双方の警備当局の間に「暗黙の了解」が成立し、衝突の危険性は著しく減っているという指摘を聞く。だからといって主権に対する完全な穴をあけつづけている現状維持でいいということにはなり得ない。

日中の現在の危機を乗り越えるためには、「中国艦船の領海侵入」はどんなことがあってもやめさせなければならない。そのための唯一の政策は、「元現状維持」に戻ることである。日本が提案すべき打開策は以下の点をパッケージにしたようなものではないか。

①尖閣問題の解決についてあらゆる側面から話しあうために、お互いに前提条件をつけない話し合いを始める。

②この話し合いの目的は、尖閣諸島についての、日本と中国の平和的共存の在り方をさぐることにある。

③日本は、今も継続している「上陸・建設・調査についての三つのNO」を継続する。

④中国は公船を尖閣領海にいれない。

⑤前記④の中国の決定を慫慂《しょうよう》するために、日本は、尖閣についての国内法上での所有権者を、国から第三者のXに移管する用意がある。

言うまでもなく、この案の最も難しい点は、上記のXが存在するかと言う点にある。筆者には即Xを見つけることができない。しかし、国民的な議論をしてその知恵を見出すに値することではなかろうか。

尖閣問題をめぐる戦略的な状況が中国にとって有利であるがゆえに、日本がこの点まで外交努力を傾注しても、中国がこれに応ずるかは不明である。しかし、「抑止」の力を蓄積しつつ、この「対話」への努力は、試みるに値すると確信する。

そういう話し合いを経て、日中の最大の難問である尖閣という棘《とげ》を抜き、尖閣との共存についての知恵をしぼり、案をつくり、段階的にそれを実施すべきであろう。そのための知恵は、これまでに各所で議論されているのである（注3）。

注1　中国が日本にとって認められない政策を実行するに至った経緯は、拙著『歴史認識を問い直す』（角川新書、二〇一三年、二七～三四ページ）に詳細を述べた。

注2　「武力攻撃に至らない侵略への対応」については、拙論「国連憲章の本丸を避けた閣議決定と国民に課された集団的自衛権の本質」（『エルネオス』二〇一四年九月号、四〇～四三ページ）。

注3　尖閣と共存するための知恵については、保阪正康・東郷和彦『日本の領土問題』（角川新書、二〇一二年）の第七章「抑止力と対話が必要な尖閣諸島」（二〇九～二二五ページ）。

第四章

慰安婦問題と徴用工問題

国交正常化五〇年目の対韓国外交

〇七年の戦後補償判決　千載一遇の機会

最高裁が四月二七日に五件の中国人戦後補償裁判に下した原告敗訴の判決は、我が国の歴史問題・戦争責任問題を考える上で歴史的な意義を持つこととなった。戦後我が国が国際社会に復帰するために締結してきた条約網によって、政府のみならず、個人も法的な追及を行いえないことが確定したからである。

しかし、戦後補償の問題はこれで終わったわけではない。むしろ法的には免責されることが確定したことによって、一連の補償問題は全く新しい局面にたち、最終的な和解に到達するための千載一遇の機会がおとずれたように思えるのである。

道筋は見えている。西松建設の強制連行判決で、最高裁は、事実認定としての過酷な労働を認定し、「関係者が被害救済に向けた努力をすることを期待する」と判示した。各紙の論調にも、人道的な見地からの自発的な被害救済を期待するものが多数みられるように思われる。

各企業は、法的に処断されることがなくなったという大きな安心の下で、もう一回、韓国・中国の人たちが陥った過酷な状況に思いをいたし、責任感と大度量をもって、できるだけの救済をしていただけたらと思う。企業イメージを落とさないことが問題という。しかし、国際社会の視点からは、このような配慮を持つ企業こそ、二一世紀をわたるにふさわしい企業のイメージを持つと確信する。

重要なのは、政府の対応である。（中略）具体的にどうすれば最も効果的か。

第一に、基本姿勢を明らかにすることだと思う。法的義務としてではなく、人道的な観点で自発的にもう一回、戦後処理の中で実現されていなかったものを調査し、できるだけのことをする用意がある旨を明らかにする。これだけでも、強制連行訴訟に直面する企業には、重要な方向性の示唆になる。

第二に、三月に終了したアジア女性基金の活動の再検討を行う用意を表明する。当面の危機を逃れたかに見える慰安婦問題は、今後長きにわたって我が国をとりまく難しい状況を作り出すことは不可避と思う。自民党における調査もいずれ始まる。その検討もふまえながら、安倍首相がワシントンで述べた「傷ついた方々への心からの同情」をどう活かすかについて真剣な検討を開始する旨を明らかにすることだと思う。（後略）

拙論「戦後補償判決：和解への新局面が訪れた」（『朝日新聞』、二〇〇七年五月一七日）

最近までの日本人の見方　ナイーヴな楽観主義

日本外交が今日置かれている立ち位置を考えるなら、全体的な戦略状況は明らかである。全く新しい問題として登場している中国との関係を、平常化させることが最大の戦略目標である。それには、防衛・安全保障・外交の総力を挙げる集中を必要とする。これは中国を挑発し、戦争をするためではない。真逆である。

そういう観点で考えるなら、近隣外交においては、外交の基軸として戦後大切にしてきた米国との同盟関係をしっかりしたものにするとともに、隣国韓国及びロシアとの関係を改善し強固なものにする以外の要諦《ようてい》はない。そのうえに、グローバルパワーにならんとする中国に対峙《たいじ》するグローバル戦略を立てなくてはならない。

さて、そのような戦略的な重要性を持つ韓国との現下の政治関係の悪さは、唖《あ》然《ぜん》として声も出ない。一体いかなる悪魔が煽動《せんどう》してこんなにいがみあうのかという思いにとらえられる。個別問題を見る限り、絶望する必要はない、お互いが相手の立場に立って考えるという外交の最も大切な原則に立って考えることさえできれば、和解の途《みち》は必ず開かれている。にもかかわらず政治的乖離《かいり》の方向性は強まるばかりである。個別問題に入る前に、どのようにこの乖離が生じているかを見ることとしたい。

戦争が終わってからの七〇年、平均的日本人の韓国に対するものの見方は随分変わってきた。戦争が終わったとき、日本人の韓国に対する見方は、植民地体制がどのような爪痕《つめあと》を韓国側に残したかという点について、十分なものではなかった。もちろん、四五年一月に生まれた私は、その時代を自分で生きた記憶はまったくない。しかし、その後、いろいろな人から聞いた話や自分で読んだことを総合するに、日本側は韓国側の心理を理解するのに時間がかかった。五二年に始まった外交関係設定の交渉が六五年までかかったことについても、その大きな理由の一つとして、この点があった。

けれども、外交関係の開設の過程を通じて、またその後の過程を通じて、日本側のこの点に関する認識は変化を遂げてきた。七三年から八三年に至る「ポスコ」への日本側民間の協力、八四年の全斗煥《チョンドファン》大統領と九〇年の盧泰愚《ノテウ》大統領の訪日とその際の天皇陛下のお言葉、九三年の河野《こうの》談話、九五年の村山談話、九八年の金大中大統領訪日と小渕・金大中共同宣言、さらに二〇年の菅直人《なおと》総理大臣談話と、そういう日本側の認識の強化にはそれなりの一貫した流れがあった。もちろんこの間、日本人の韓国に対する見方の中に、韓国側に立ってものを考えることを拒む思想的要因があり、そういう動きもまた拡大してきた側面を否定することもできない。しかし、国民全体の普通の感覚を私の世代の言葉で総括するならば、対韓国への見方は、少しずつでも一貫して深化してきたように見えるのである。

そういう過去に対する認識の変化と同時に日本人の中に戦後の韓国の発展に対する尊敬と称賛の気持ちが生まれてきた。その第一の側面は、韓国の民主主義の発展についてである。軍事独裁体制で始まった戦後の韓国の政治制度を変えてきた原動力は、命をかけた韓国学生運動の強烈な内から湧き上がってきた力によるところが大きかった。六〇年李承晩《イスンマン》政権の終焉《しゅうえん》、七九年朴大統領の暗殺のあとに始まった学生運動の高揚、その頂点ともいうべき八〇年の光州《こうしゅう》事件、そして八七年の民主化宣言発出に至る様々な経緯などを見ていくと、そこには民主主義を自力で作ってきた民族の力強さが感ぜられる。

第二の側面は、韓国の経済的発展である。日本は敗戦後、六〇年代に二桁《けた》の「奇跡」の成長をなしとげ、七〇年代には二つの石油ショックを乗り越えてG７の一国となり、八〇年代には『ジャパン・アズ・ナンバーワン』（エズラ・ヴォーゲル）となった。この間韓国経済は、「四つの龍」の一つとして日本に次ぐアジア経済のリーダーとして冷戦期を終了した。その中から九六年にはＯＥＣＤに加盟、ついで、ヒュンダイ（自動車・造船）、サムソン（家電・造船）、ポスコ（製鉄）等、日本の対抗会社と肩を並べ、あるいはそれをぬいて世界のブランドとして成功する圧倒的な印象を創りはじめた。

第三の側面は、文化である。九八年の金大中大統領の訪日は日韓間を共通の基盤に立たせる画期的なものであったが、その一つの結果は韓国における日本からの文化の開放となるはずであった。けれども、〇二年のサッカーのワールド・カップ共催をへて、〇三年から〇四年NHKで放映された『冬のソナタ』とぺ・ヨンジュンは、「韓流」という全く新しい現象を日本側で生んだ。『冬ソナ』のファンになったのは日本の女性であり、主婦であった。戦後初めて、過去の戦争の問題とまったく切り離された形で、ぺ・ヨンジュンを素敵だと思い、彼を通じて『冬ソナ』の現れた韓国の社会を素敵だと思い、韓国語と韓国の文化と韓国の生活に親しみたいという気持ちが日本社会の表面に溢《あふ》れだしたのである。主婦こそが次代を担う子供たちを育てる中核である。そこに生まれた韓国に対する純粋な好意と関心は、日韓の将来に明るい期待を抱かせるものと感ぜられた。もちろん「韓流」は「嫌韓流」という流れを生み、それは日韓関係を複雑化させる要因にもなっていくが、韓流によって生まれた社会の底流を覆すにはほど遠い。日韓関係において、強い吸引力を持つ新しい流れが生まれたと感ぜられた。

様々な問題がありながら全体として日韓関係は間違いなく良い方向に動いてきた。双方の関係者は、そういう方向でこれからも動いていかねばならない。私はずっとそう思ってきたし、韓国の知識人で私が最も尊敬する一人である鄭在貞《チョンジェジョン》ソウル私立大学教授・前北東アジア歴史財団理事長とも昨年京都産業大学にお招きしての講演会で、意見を同じくした（鄭在貞「現在の東アジア情勢の下での日韓関係」『京都産業大学世界問題研究所紀要』第三〇巻、二〇一五年三月）。

さて、成功は自信を生む。自信は他者に対する寛容を生む。韓国の成功は、長く待たれた日韓間の和解への下地をつくるのではないか。二〇〇〇年代の前半、韓流現象をみなが多くの日本人の心に生まれたのはそういう両国関係に対する楽観的な見方ではなかったか。けれどもこの楽観主義が「ナイーヴ」なものでしかなかったことに、一〇年代に入って日本側は気づかされることになった。

日韓政治対立の激化　二〇一〇年代の現実

少なくとも日本側から見る限り、それまで予想していなかったことが次々と起きはじめたのである。この変化の背景には、中国の台頭と相対的な日本の力の弱化、自国の利益の極大化のためには中国との連係が大事であり、日本との関係の弱化をいとわないという韓国側の地政学的な判断があることを否定することは難しい。

同時に歴史的に観察すれば、成功によってもたらされた自信は、韓国においては「寛容さ」とは全く別の形をとりはじめ、積年解決されずにいた歴史認識に対する怒りを今度こそ十全な形で爆発させ、日本側の徹底した反省をせまる要求が噴出し始めたように見える。国民的・大衆的レベルでこの怒りが結集しはじめているかと問えば、それは必ずしもそうだとは言えない。経済・文化・社会を通じての両国の紐帯《ちゅうたい》は決して弱くなってはいないようにも見える。けれども、政治に関する限り、両国がいま極めてギクシャクした関係にあることもまた事実である。

その始まりは、一一年八月三〇日に韓国憲法裁判所が下した「韓国政府は慰安婦の権利を守っておらずその対応は違憲である」という判決であった。八〇年代の末から慰安婦問題が日韓関係の重要な議題となり、少なくとも韓国政府が慰安婦の方々の傷ついた立場を守ってこなかったというのは、日本側からすれば驚きを誘う判決であるが、違憲判決をうけた韓国政府は国内的には厳しい立場にたたされることになった。

ついで一二年五月二四日韓国大法院（最高裁判所）が、徴用工問題（いわゆる戦時強制労働に対する補償問題）は六五年の日韓請求権協定によっては解決されていないという判決を出した。この判決は多くの日本人を驚かせた。

六五年の諸条約は、植民地の性格ないし一九一〇年併合条約の性格を巡っては日韓の立場は異なったままに妥協の結果締結されたものである。請求権の問題はその中でも困難を極めていたが、最終的に「請求権・経済協力協定」によって決着した。徴用工問題は、そこでとりあげられ解決されたと理解された問題だった。

請求権協定は、植民地問題に関する韓国側の立場を認めていないので強制労働問題が未解決であるという主張は、六五年体制を根本的に否認することとなる。しかも、今後徴用工問題に関係すると主張する会社が多数指摘され、これらの会社がすべて韓国法廷で敗訴となり損害賠償支払いのための強制執行措置を受けるとなれば、両国関係は見通しの無い状況に投げ込まれる。

さらに一二年八月一〇日李明博大統領が竹島に上陸、その画像がテレビとネットを通じて多くの日本国民の網膜にやきついた。その直後の天皇陛下の訪韓について「韓国人の心に響く謝罪が必要だ」と李大統領が発言したとの報道が、たくさんの日本人の心の「陛下についてそこまで言うのか」という感情に引火した。おそらくこの夏に戦後初めて、日本側の感情が韓国側の感情を上回るかたちで爆発したように見える。

一三年に朴槿恵大統領が就任、安倍政権との間でいくつかのギクシャク現象が生じ始め、三月一日の国家記念日に「(日本と韓国の)加害者と被害者という歴史的立場は、千年の歴史が流れても変わることがない」と述べ、この発言を見たかなりの日本人の心に相当の徒労感を生んだ。

さらに、一三年一二月の安倍総理の靖国参拝、一四年七月の集団的自衛権行使の閣議決定も韓国側からの激しい反発を生んだ。一四年、特に慰安婦問題と徴用工問題が様々な形で提起されつづけた。安倍・朴の間の関係での明白な好転の兆しは見えず、オバマ大統領の仲介で一四年三月にハーグで行われた一回の会談以外の話し合いはまだ行われていない(注1)。

日本側にいま必要な視座　「七つの恨」の記憶を分かち合う

このような日韓の増幅する相互不信がどこから生まれるのか。確実に言えるのは、今その原因を一方のみに求めたら、決して解決に向かう答えはでてこないだろうということである。双方で考えねばならないことがある。

日本側が考えなくてはいけないことは、日韓のこの認識ギャップがどこから生まれるかと言うことである。その点に関してまずは、できうる限り韓国側の立場にたって考えてみることである。

私はまず、韓国における植民地支配に対する怒りと恨みの深さに対する日本人の理解が不十分だと考える。日本人には、自らの歴史に照らして考え直していただきたい。日本は敗戦の精神的空白の後に行われた七年の占領からのトラウマからいまだに抜け出せていない。東京裁判、サンフランシスコ平和条約第一一条、靖国、村山談話などについて、成立してしかるべき国民のコンセンサスが出てこない。安倍政権にとって世界との関係で処理できない最も難しい問題が、この歴史認識問題であるとさえ言ってもよいのである。

もしも日本が三六年の植民地支配を韓国から受け、しかもその最後の一五年は「完全韓国化」され民族の伝統と文化を否定されるという体験を持ったなら、何年たてばこの心の傷は癒《い》えるのか。日本人はそういうことを決して忘れるべきではない。

そういう思いもこめて、私は、これまで、韓国人は日本に対して七つの「恨」を抱いているといろいろな場所で主張してきた（注2）。

①民族の屈辱感。華夷《かい》秩序で自分より低位のものから支配された記憶。

②裏切り。韓国の独立の保障から始めた日露戦争の勝利の五年後の韓国併合。

③併合前及び併合初期における弾圧。
④皇民化。一九三〇年代以降、韓国人をもって日本人としようとしたこと。
⑤皇民化が一定の成功を収め、日本人として太平洋戦争を共に戦うまでに、至らしめられたこと。
⑥戦後の南北の分断。なぜ世界政治の煽りを受け、韓国が分断され日本は一体性を保ったのか。
⑦朝鮮戦争。その原因が金日成《キムイルソン》による韓国併合という目的であったにせよ、分断を背景とする民族間の殺し合いに至らされたこと。

そういう意味で、今日本人としてできること、なすべきことは、加害者と被害者の構図の中で起きたこういうことを決して忘れないということである。これこそが、日本側が堅持すべき道徳的な位置である。植民地主義において、支配した方（日本）が加害者であり、支配された方（韓国）が被害者であることは否定しえない。

欧米植民地主義国がほとんど謝罪していないこと、日本の統治の中には韓国近代化を進めた側面があることは事実であっても、戦後の韓国人の心理にそれらは肯定的に響かない。

以上の視点をはっきり持つなら、今日本人が気安く言っていることの中に、日本人として決して言ってはいけないことがいくつかある。

一つは、「歴史認識について、和解をしましょう」ということである。加害者・被害者の構図において、加害者ができることは、事態を反省し、謝罪し、償い、記憶することである。和解は被害者の判断であり、加害者が要求することではない。

もう一つは「歴史認識の文脈において、未来志向の関係を創ろう」ということである。未来に向かって建設的な関係を創ろうということ自体は、不可欠な目標である。けれども、歴史問題を議論するにあたっては、加害者側は決して「未来志向」と言ってはいけない。加害者側が「未来志向」と言えば、被害者側には「過去を忘れよう」と言っているように聞こえる。これだけは、加害者側から聞きたくない言葉である。人間間の個人的な問題であればすぐに理解できるこのことが、どうしてわからないのだろうか。

一九九八年の小渕・金大中共同宣言が素晴らしいのは、まず、小渕総理が歴史に対する「痛切な反省と心からのお詫《わ》び」を表明し、これに対して金大統領が「過去の不幸な歴史を乗り越えて和解と善隣協力に基づいた未来志向的な関係を発展させよう」と言い、最後に両者あいまって、「若い世代が歴史への認識を深めることが重要である」ことを合意したということである。この内容と順番を変えてはいけない。今の日本人の意識は、少なくともここまで戻らねばならないと考える。

冒頭に引用した〇七年の最高裁判決の後、誰にも強制されず、日本自身の道徳性から過去の問題に一歩踏み出す機会があった。この時こそ、日本側のイニシアティブによって和解に踏み出す大きな機会の窓が開いていたのである。

韓国側にいま必要な視座　歴史を直視する

残念ながら日本政府は、そういう政策をとらずに、「不動の不作為」の政策を堅持した。結果として、誰に責任を問うかは別として、日韓関係は、これまで遭遇したことのない「司法戦争」に突入した。日本側が自らに問うべきことはすでに述べた。これから筆者は、司法戦争に突入しはじめた司法界を含む韓国側に対し、今始まっている戦いが日本側にとって受け入れられない戦いであり、両国関係を壊しかねない危険を背負っていることを言わねばならない。

筆者はこれまで、前述のように、日本人が自らに課す道徳的矜持《きょうじ》として、「歴史認識問題について韓国側に要求を出すことは言わない」と一貫して考えてきた。筆者の考えはこれまで大筋において間違っていなかったと確信する。大きな流れとして、全体としての日韓関係には相互に評価しうるたくさんの肯定的要素が積み重なってきた。だが、日韓関係はいま、そういう道徳的矜持によっているのみでは、関係そのものが壊れかねないところに来てしまった。

今起きていることを本書を読む読者に一番説得力を持って記すために、韓国内の心理状況に筆者とは比較にならない造詣《ぞうけい》を持つ畏友《いゆう》ロー・ダニエル氏の分析をしばらく借りることとしたい。ロー氏は、韓国人でありながら、韓国語・日本語・英語をほぼ母国語のレベルでこなし、ビジネスと研究の双方の仕事を韓国・日本・アメリカで行い様々な分野で経験を積んできた方である。

日本人に一番その名前が知られたのは、〇八年『竹島密約』(草思社)を執筆し第二一回アジア・太平洋賞をうけたときであろう。この書物が竹島問題に持つ意義については後程簡潔にふれたいが、ロー氏とは縁あって一四年四月から一五年四月まで京都産業大学法学部の客員研究員として一年あまり様々な会合に同席し、日韓関係を始めとする世界問題について議論を交わしてきた。

ロー氏は滞日経験を活かして安倍総理についての評伝を韓国で最近出版され、また、まもなく『「欲望」で解く日韓関係:「地政心理」の試論』をテーマとするその研究業績を日本の著名な出版社から出版される予定である。しかし、本稿に直接かかわりのある韓国側の心理状況については、ロー氏はすでに日本の電子メディアに「『一九六五年体制形骸《けいがい》化』に突き進む韓国、その深層とは：『日帝強制動員被害者支援財団』の最大出資者はPOSCO《ポスコ》」という見事な切り口の論評を掲載された（nippon.com ロー・ダニエル、二〇一四年八月一一日）。

冒頭ロー氏は、「徴用工被害者」支援財団の立ち上げ資金の半分にあたる三〇億ウォンを韓国大手鉄鋼メーカーのPOSCO（元・浦項《ポハン》総合製鉄）が出すことになったことを驚きとある種の感慨をこめて叙述する。そして今では日本人でも多くが確《しか》と記憶していないかもしれないこの歴史の一齣《ひとこま》を淡々と述べる。

この企業の誕生物語を詳しく知る人々にとっては随分と驚くべきことである。POSCOは戦後日韓協力のマスコット的な存在であったからだ。社名を変える前の浦項総合製鉄は六八年に正式的に創立したが、その種が蒔《ま》かれたのは日韓正常化の前の六四年春だった。その時、後に浦項総合製鉄の創立者になる朴泰俊《パクテジュン》は、朴正熙《パクチョンヒ》大統領（当時）の指示で日韓正常化交渉を手伝うために東京に来ていた。

陸軍少将あがりで当時「浪人」だった朴泰俊は永田町での政治交渉に参加する一方で、個人的な幸運に恵まれることになった。偶然に知り合った陽明学者、安岡正篤《やすおかまさひろ》に気に入られたのである。朴泰俊の「沈着重厚さ」を評価した安岡は八幡《やはた》製鉄の当時の社長、稲山嘉寛《いなやまよしひろ》を紹介した。これをきっかけに、八幡製鉄（そして富士《ふじ》製鉄と合併後の新日本《しんにっぽん》製鉄）が浦項総合製鉄の発展に決定的貢献をしたことは世によく知られている。

浦項総合製鉄は日本財界の全幅の支持をえるだけに留《とど》まらず、日韓基本条約の産物であった「請求権資金」の最大の受恵者でもあった。いわゆる「無償三億＋有償二億」という「請求権資金五億ドル」の中の二四％にあたる一億二〇〇〇万ドルが導入されたのである。

これは、資材輸入の決済のために韓国外換銀行に預けられた一億三〇〇〇万ドルを除き、特定の企業に配分された金額としては最大であった。要するに、浦項総合製鉄は日本からの請求権資金で実現された韓国産業近代化の「一丁目一番地」であり、それに協力した日本財界にとっても記念碑といえる存在なのである。

このような成り立ちの浦項総合製鉄＝ＰＯＳＣＯが、日系企業を狙った訴訟を支援する運動に資金を出すという出来事は、日韓関係を大事にする人々にとって理解に苦しむことであろうし、さらにそれを通り越して、ある種の「歴史の悪戯」と受け取るかもしれない。人によっては、朴泰俊が生きていたらと偲《しの》ぶかもしれない。ちなみに、ＰＯＳＣＯ理事会の出資決定があったのは、朴泰俊が死んだ一一年一二月一三日から三か月後のことだった。

ＰＯＳＣＯの物語は多くの日本人の心を凍らせる。経済的に貧しかった韓国を立て直させるために日本資本を活用することが必要であり、その目的に向かって当時の日韓の指導者が懸命に共同作業をした、そのことが、今や豊かになった韓国にとっては不愉快な真実であっても、それを全否定する韓国人の心情を尊敬する日本人はほとんどいない。

ＰＯＳＣＯの物語を導入にロー氏は、論考の核心である「六五年体制の形骸化」について以下の主要点を述べる。

韓国外交部北米局長などをつとめたエリート外交官出身の国会議員が、国会で『六五年とは異なり、韓国は国力も大きく伸ばしたので六五年の韓日条約だけでは（韓日関係を）管理することができない』と発言をするのをみて、私は『六五年体制の形骸化』は空論ではないと実感した。

現に、六五年体制を冷戦がもたらした「不自然もしくは不当」なものとして再解釈する議論が韓国で旺盛《おうせい》に行われている。その中で注目を集める学者の一人である法学者キム・チャンロク（金昌祿）は、六五年体制は「日帝の韓半島支配という核心的問題を粗末に縫い合わせたもの」であり、それゆえ「問題がはみ出す度に亀裂《きれつ》が生じる運命」をもつと裁いた。彼によると、六五年体制はその寿命が尽きる前に韓国の法曹界によって二つの決定打を打たれたという。

として、前述の一一年八月三〇日の慰安婦問題に関する憲法裁判所の判決と、より深刻な問題としての一二年五月二四日の徴用工問題に関する大法院判決を説明し、以下のように指摘する。

一二年の大法院判決を韓国社会は、「大韓民国司法主権の回復」とか「国民の恨みを解いてくれた判決」と称賛した。だが、この判決は日韓関係という観点からみると

「パンドラの箱」を開けたようなものといえる。日韓間のあらゆる「歴史的葛藤《かっとう》」は基本的に過ぎ去った事案が対象である。しかし、現役の日本企業に賠償を求める訴訟は現在と未来の事案である。

実際に、太平洋戦争でなんらかの形で朝鮮からの徴用工を雇った全ての日系企業をリストアップして訴訟を起こす動きが見えてきた。さらに、韓国での勝訴を活用して米国法廷でもっと大規模な賠償を引き出そうという動きもある。一四年六月六日にはフィラデルフィアに所在する法律事務所 Kohn Swift & Graf の代表弁護士で、「戦犯裁判」で有名なロバート・スウィフト（Robert Swift）が、ソウルで『太平洋戦争犠牲者遺族会』と協力することを発表することまであった。

さてここまで追い詰められてくると日本政府は徹底対決に備えはじめたように見受けられる。〇七年の最高裁判決に対する対応が「不動の不作為」であり、それが韓国司法界の反撃の基礎をつくったとしても、韓国の司法攻撃は、戦後日本が自分たちなりの誠意を尽くして積み上げてきたものを無に帰す明確な可能性を秘めている。これを、日本側として受け入れるわけにはいかない。

一一年と一二年の判決によって求められた司法戦争は、筆者といえども戦わねばならないと考える。しかし、その戦いの中で外交本来の最も大事な機能である「相手側の立場に立って考える」ことから、日韓双方が受け入れられる解決策に近づくことを切に望むものである。そういう状況に立たされた日韓関係の主要問題として、慰安婦、徴用工、竹島の三つの問題をとりあげたい。

慰安婦問題

日韓関係は今歴史問題・領土問題を含む過去の問題によって、様々に引き裂かれ、大変難しい状況にある。けれどもその中で、もしも最初に解決を試みるとすれば、慰安婦問題ではないか。この問題が日韓間の正面に再び出てきた一四年の状況から説き起こしたい。

一四年、年の初めの状況は、大変だった。一三年一二月二六日の安倍総理の靖国訪問をうけて、慰安婦問題における河野談話見直しの世論が加速した。二七日日本維新の会は年明けに河野談話撤回要求のための署名運動を展開すると報ぜられ、『産経新聞』は元旦の記事で河野談話の欺瞞《ぎまん》性を強く提起した。

この動きは明らかに米国を強く刺激した。東アジアの最大の問題は台頭する中国であると見るアメリカにとって、日韓はこれに対する共同のパートナーである。歴史問題をめぐり深刻化する日韓関係をこれ以上複雑化させることは、許容範囲を超えることになる。

三月一二日と一三日、齋木《さいき》昭隆《あきたか》外務次官が韓国を訪問、これを受けた一四日の参議院予算委員会で安倍総理は、河野談話について「安倍内閣で見直すことは考えていない」と述べ、また、「筆舌に尽くしがたいつらい思いをされた方々のことを思い、非常に心が痛む。思いは私も歴代首相と変わりはない」と答弁した。これは〇七年の四月安倍第一次内閣での「強制性否定発言」で猛烈な安倍批判がアメリカで起きたときに、安倍総理がブッシュ大統領に述べ、事態を鎮静化させた時の発言と同じだった。他方、この日の答弁で、菅《すが》官房長官は、「河野談話作成過程の実態を調査することが必要だ」と述べ、ここでその後の動きを規定する非常に重要な方向性が決まったように見える。

以上の動きは、すぐに外交関係の動きとして現れた。三月にハーグで行われたオバマ大統領を間にはさんだ、安倍総理と朴大統領の三者会談は、この慰安婦問題をめぐる日韓の最初の妥協を基礎に行われた。この妥協が、さらに、四月のオバマ大統領の訪日・訪韓という日程の形成を可能ならしめたと言ってもよい。

次の局面は、菅官房長官が約束した河野談話作成の経緯の調査であった。かくて、六月二〇日「慰安婦問題を巡る日韓間のやりとりの経緯」という長文の報告書が発表された。

発表された後の外国での受け止めは、芳しくなかった。韓国外務省は、ほぼその直後といってもよいタイミングで、「深い遺憾」の意を表明し、「報告書は、河野談話を見直さないという政府方針に逆行する」「河野談話は日本の独自の調査と判断によってだされたもの」であり、「韓国政府は日本側の度重なる要請により、非公式に意見をつたえたにすぎない」という声明を発表した（『毎日新聞』六月二一日）。六月二二日の『ニューヨークタイムズ』紙は、「日本の歴史的めくらまし」という強烈な安倍批判の論説を掲載した。アメリカの友人からは、ワシントンの国務省やホワイトハウスの雰囲気も、概《おおむ》ね同じだという情報が入った。

しかしながら、である。東京における事態は意外な方向に展開した。まず、報告書自体、談話形成の過程で、慰安婦に対する狭義の強制性（首根っこを摑《つか》んでトラックに乗せて拉致《らち》していくような行為）を認めたような箇所は出てこなかった。韓国政府の役割についても、少なくとも筆者がこの記録を読む限り、良心的に仕事をする外交官なら当たり前のことをしていたにすぎないし、これを聞いていた日本側が、談話の責任をいささかなりとも韓国側に押し付けるものでないことも、また明らかに読み取れた。

さらに談話が発表された直後に、談話の当事者の河野洋平《ようへい》氏が、「(検証結果の) 報告書に私が足すべきものも引くべきものもない。正しくすべて書かれている」(『毎日新聞』六月二二日)と、いわば報告書の内容を追認する声明をだした。ここに、まったく予想されていない事態、河野談話が、その支持者のみならず、その批判者によってもそれなりに支持され、日本における立場が強まったという事態が起きたのである。

ところがこの一連の動きに、結果として水を差す新しい動きが付け加わった。八月五日、『朝日新聞』が見開き四面を使って「慰安婦問題どう伝えたか、読者の疑問に答えます」という大特集を発表した。特に、八二年に吉田清治《よしだせいじ》氏が証言した「済州島《さいしゅうとう》における強制連行」について「この証言は虚偽だと判断し、記事を取り消します」との公告を行った。慰安婦問題が日韓でとりあげられた初期に、吉田証言が日本軍の慰安婦に対する行動について一定のイメージを形成してきたことは、家永三郎《いえながさぶろう》氏の『戦争責任』(八五年)、国連『クマラスワミ報告』(九六年)などにおいて、すでに知られた話であった。にもかかわらず、朝日による吉田証言否認の衝撃はその後波紋をひろげ、八月二六日高市早苗《たかいちさなえ》自民党政調会長は菅官房長官に対し、朝日の一部証言取り消しをふまえ新談話の発出を要請、菅官房長官は、「考えていない」と応じた(『毎日新聞』八月二七日)。

一五年の安倍内閣の対外関係で、この問題はいよいよ正念場を迎える。

第一に、この問題は、日韓関係においても、日本と世界との関係においても様々な日本にとって望ましくない事象を引き起こしている。全体の根源を断ち切り、日本にとって今後この問題が不要な政治問題化しないように対応する方策は一つしかない。それは、今韓国で生きている約五〇名の元慰安婦の人たちと和解に達することである。この問題について韓国で最終的に絶対的な権威をもって発言しうるのは、この人たちだけである。この人たちとの和解こそ、必須である。最近筆者が韓国の関係者と議論している中で感ずるのは、元慰安婦の人たちの心に沁《し》みとおる気持ちの表明がまず必要であるということである。言葉にすれば三月一四日の安倍総理の国会答弁のようなものを、いかにして表現するかである。もう一つは具体的な行動であり、それはアジア女性基金で民間からの拠出によってまかなった償い金を政府予算で拠出することを核とするスキームを考えるということである。以上の二つの和解の枠組みをつくるには、安倍政権としての明示的な行動とともに、朴大統領以下の韓国側の共同行動が必須である。韓国政府との協力なしに、和解は成立しない。

第二に、日本側にやる気があるのだろうか。四月二八日オバマ大統領との会談のあとの共同記者会見で、質問をうけた安倍総理は「慰安婦の問題は、人身売買により筆舌に尽くせない思いをされたかたを思い、非常に心が痛みます。この点は、歴代の総理と変わりません。河野談話は継承し、これを見直す考えはありません」と述べた（ＮＨＫニュースより筆記）。安倍総理は二七日、ハーバード大学ケネディ・スクールで行ったスピーチのあとの学生との質疑応答でも同じことを述べている。これらの発言は、基本姿勢の表現として、安倍総理がこれまで述べた最も謙虚なものであり、交渉の出発点とする力はあるように看取される。安倍総理は、米国議会演説で慰安婦問題に言及しなかったが、恐らくは様々な戦術的な考慮をもってなされたこの「欠落」によって、政権が何もするつもりが無いと断ずる理由はない。

第三に、それでは韓国側に日本側と協力して問題解決に向かって努力する機運があるだろうか。その観点で注目されるのが、韓国挺身隊《ていしんたい》問題対策協議会（挺対協）の昨年来の態度の変化である。これまでこの市民団体は、植民地時代に日本帝国主義がなした悪の象徴として慰安婦問題を位置づけ、これに対する日本の反省と責任を、法的責任と犯罪性の受任という形で認めることを要求してきた。加えて、アジア女性基金が提示した謝罪を受け入れた六一名の元慰安婦の方々を、韓国社会から排除するという行動をとってきた。この団体の尹美香《ユンミヒャン》常任代表が、一五年四月二三日都内で開かれたシンポジウムで採択された①

事実認定、②公式謝罪、③賠償の三点を軸とする解決案を「正に私たちが求める解決」として支持したのである（『朝日新聞』四月二四日）。挺対協がここで表明した内容については、四月二五日北海道新聞の報道、これを誤報として四月三〇日「抗議と訂正要求」を表明した挺対協声明と、事態は若干混乱しており、本稿でこれ以上分析する実益はない。けれども、筆者の見るところ、ここには、日韓外交当局が、見落としてはならない大切なシグナルがある。

第四に、アメリカをはじめ韓国以外の場所でこの問題がどう扱われているかについてである。注意深く全体状況を読まないと本質を見失う。

一方において、ここ数年主にアメリカで作られている慰安婦像の問題がある。この点はその国の内政の問題ともからみ、極めて複雑な問題となっている。アメリカでは、安倍総理の訪米前の四月二一日下院でマイク・ホンダ議員が行った猛烈な安倍批判演説が耳目をひいた。安倍演説のあと会議があってボストンに出張した筆者に対し、旧知の米国の友人は、「マイク・ホンダの演説の背後には、一八〇万に上る若手の現役の韓国系アメリカ人の集票力とロビー活動がある。その延長には、中国系の移民勢力がいる。しかも韓国の優秀な若手人脈のシンクタンクや大学へのくいこみにより、ワシントンの言論界では、道徳的優位と言う観点で日本は韓国に完敗している。安倍総理が議会演説で慰安婦問題に言及しなかったのは、マイク・ホンダからの『圧力』に屈したとみられることをよしとしなかったからかもしれないが、韓国系アメリカ人のこれからの反発が、ソウルをつきあげ、関係の改善に対する障害にならないことを祈っている」（五月二日）と述べた。

さらに、韓国の慰安婦問題はいま、国際的には中国の慰安婦問題に引火しはじめている。丘培培《キューペイペイ》（Peipei Qiu）というオックスフォードで学位を取った研究者がその他の二名の中国人学者と著述した『中国の慰安婦：日本帝国の性奴隷の証言』（オックスフォード・オーラルヒストリー・シリーズ）（Chinese Comfort Women: Testimonies from Imperial Japan's Sex Slaves, Oxford Oral History Series）が、一三年に出版された。欧米人の知識層に「慰安婦と言えば韓国」と言う先入観が行きわたっている中で、初めて中国サイドの問題を一般人の目にふれさせるものとして、かつ、現下の歴史問題に関する中韓提携の流れの中で、注目が集まることは避けられない本である。

他方において、慰安婦問題の本質を従来の単純化された「レイプセンター・性奴隷」という見方ではすまされないものとして、時代のなかで生まれたあるがままの姿を見直そうという動きも出てきている。朴裕河《パクユハ》世宗《セジョン》大学校日本文学科教授が、何名かの韓国人元慰安婦の方々へのインタビューをまとめて記した韓国語及び日本語による『帝国の慰安婦・植民地支配と記憶の闘い』（朝日新聞出版、一四年一一月七日）は、河野談話支持を解決の基礎におきつつも、「二〇万のレイプセンター」とは実態は異なっているのだということを実際のインタビューに基づいて明確に述べている点に大きな特色がある。一部の表現をもって朴教授が韓国内で裁判を提起され、日本のリベラル派からも批判を受けていることは大変残念であるが、日本語と韓国語ができる一部欧米のリベラルに与えている衝撃には、相当なものがあると見受けられる。

そういう状況下で五月五日、主に米国の日本研究者、歴史学者ら一八七人が連名で「日本の歴史家を支持する声明」が発表され（『朝日新聞』五月七日）、筆者あてにも七日に声明全文と一八七名のリストが送られてきた。リストを見てため息がでた。歴史に対する見方に様々なものがあるにせよ、ここには、戦後日本研究を自分の問題として大事にしてきた大御所から若手まで、「敵にして戦ってはいけない」人たちがたくさんいる。異見は異見として、辛抱強い対話によって当方への共感を惹《ひ》きつけねばいけない人たちばかりと見えた。リストの賛同者は、欧州の研究者も加え、四五七名となった（『朝日新聞』五月二〇日）。

とりあげられているのは戦前・戦後の日本のありかた全体であるが、当面の焦点は慰安婦問題だった。メッセージの最初のポイントが、日本帝国の下でたくさんの女性が苦しんだ事実を否認してはならないということであるのは明確である。「いかなる（引用者註：慰安婦の）数にその判断が落ち着こうとも、日本帝国とその戦場となった地域において、女性たちがその尊厳を奪われたという歴史の事実を変えることはできません」「大勢の女性が自己の意思に反して拘束され、恐ろしい暴力にさらされたことは、既に資料と証言が明らかにしている通りです」と述べている。

同時にこの声明には、韓国と中国の対応についても今まで見たことのない批判が入っている。「この問題は、日本だけでなく、韓国と中国の民族主義的な暴言によっても、あまりにゆがめられてきました」「元『慰安婦』の被害者としての苦しみがその国の民族主義的な目的のために利用されるとすれば、それは問題の国際的解決をより難しくするのみならず、被害者自身の尊厳をさらに侮辱することにもなります」

五月一日ボストンでこの声明の起案者数名と話し合った際も、朴裕河氏の『帝国の慰安婦』のような見方を欧米の日本研究者の間に広めるにはどうしたらよいかというのが一同の共通意識だった。そういう努力を続けることが、「レイプセンター・性奴隷」でもない、

「合法売春だから責任はない」でもない、「河野談話に収斂《しゅうれん》する謙虚な態度」によってこの問題を日韓関係の喫緊の政治問題からはずしていく途と考える。

この問題は残念ながら今後も簡単に消え去ることはない。必要なことは、解決できる側面に一つ一つ誠意をもって対応することであり、当面結局のところ、約五〇名の韓国人元慰安婦の方々が存命中に日韓双方ができるだけの努力をして和解を実現し、問題の根本において「非政治化」を図ることが最も大事なことと判断される。

徴用工問題

すでにこの問題については若干の記述を行ったが、もう一回事実関係の整理から入りたい。問題の発端は、一二年五月二四日の韓国大法院（最高裁判所）の判決にある。この時点での係争事件は、新日鉄住金《しんにってつすみきん》と三菱重工《みつびしじゅうこう》に対し強制労働をさせられた韓国人が日本の裁判所に損害賠償を求めて問題を提起、それぞれ敗訴となったことに端を発する（新日鉄は〇三年、三菱重工は〇七年）。原告は同一事案を今度は韓国の裁判所に提起、下級審はこれを棄却したが大法院が「一二年五月二四日」下級審の判決を破棄差し戻しとしたのである。

その理由として「日本の国家権力が関与した反人道的不法行為や植民支配と直結した不

法行為による損害賠償請求権が請求権協定の適用対象に含まれると見るには難しい」と判示したわけである。

「請求権協定は、植民地問題に関する韓国側の立場を認めていないので徴用工問題が未解決である」という主張は、六五年体制を根本的に否認することとなる。日本側がこの論拠を受け入れることはありえない。

大法院が示したもう一つの理由、日韓請求権協定は個人による請求権を禁ずるものではないという理由も、日本側においては、政府の立場としても、〇七年四月の最高裁判決以降の立場としても、受け入れることのできないものとなっている。

「一二年五月二四日」判決は、徴用工問題は六五年協定によって解決済みとしてきた韓国政府をも極めて難しい立場に立たせることになった。これまで韓国政府も、無償三億ドルの経済協力に「強制労働の被害補償解決の性格をもつ資金が包括的に勘案されていると見なければならない」（二〇〇五年の韓国政府の官民合同委員会）（『朝日新聞』一三年七月一一日）という立場に立っていた。

しかも、韓国政府の調査によれば同様の訴えを提起されうる日本の会社は二九九社あるとされ（『朝日新聞』一三年七月一一日）、これらの会社がすべて韓国法廷で敗訴となり損害賠償支払いのための強制執行措置をうけるとなれば、両国関係は見通しの無い崩壊状況に投げ込まれる。

にもかかわらず、司法対決は不吉な方向に向かって動き始めた。一三年七月一〇日、ソウル高裁は新日鉄住金に対する差し戻し控訴審で、「一二年五月二四日」大法院判決に従い、個人請求権を認めるとともに、「日本製鉄（新日鉄の前身）による募集、強制労働は、日本政府の朝鮮半島の不法な植民地支配と侵略戦争遂行に直結した反人道的な不法行為」と認定した。新日鉄住金は大法院へ上告した（一三年七月三〇日）。

ついで一三年七月三〇日、釜山《プサン》高裁は、三菱重工業に対する差し戻し控訴審で徴用された五名（いずれも死亡により遺族が訴訟継続）に対し一人八千万ウォン（約七百万円）の支払いを命じる判決を下した。判決論拠は、「一二年五月二四日」大法院判決に従ったものであり、三菱重工は上告の方針と伝えられた（『産経新聞』一三年七月三一日）。

高裁の差し戻し審に戻された判決が最高裁で再び有罪と判示されれば、判決は最終的に確定し、少なくとも法理論上は、判決の強制執行は韓国における当該企業の財産の差し押さえを含むことになる。一三年秋、日韓司法戦争は、瀬戸際に追い詰められた。

この時点で、日本政府内の検討状況を示唆する興味深い報道が現れた。判決確定の場合外務省は、請求権協定第三条における第三国の委員を含む仲裁委員会の発足を求めるという対応を検討、他方首相周辺は、国際司法裁判所（ＩＣＪ）へ提訴する方向で検討に入ったと報道された（『産経新聞』一三年八月三〇日）。

いずれの方策においても共通しているのは、個別的な和解に応ずるつもりはないこと、国際法の規定する所に従い、正面から議論しようという立場である。

韓国大法院の動向は、この時点からぱたりと報ぜられなくなったように見える。だが、事態の進行がとまったわけではない。一三年一一月、光州地裁は、三菱重工に賠償支払いを命じる新たな判決を出した（『毎日新聞』一三年一二月一四日）。

一四年一〇月三〇日ソウル中央地裁は、機械メーカー「不二越《ふじこし》」（富山《とやま》市）に対し、女子勤労挺身隊として朝鮮半島から日本に動員された韓国人女性一三人と死亡した四人の遺族への、総額十五億ウォン（約一億六千万円）の損害賠償を命じる判決を言い渡した（『産経新聞』一四年一〇月三一日）。

一五年四月二一日、元徴用工と遺族六六八名という過去最大規模の訴訟が、ソウル中央地裁に提起された（『産経新聞』一五年四月二二日）。

日本政府の反撃も止まらない。本稿執筆の時点で、一五年版外交青書の韓国部分から

中国における徴用工訴訟の動き（本邦紙報道より作成）

日付（2014年）	裁判所	原告数（名）	訴訟の相手	経過
2月26日	北京市第一中級人民法院（地裁）	37	三菱マテリアル（旧三菱鉱業） 日本コークス工業（旧三井鉱山）	3月18日受理
3月6日	河北省唐山市中級人民法院（地裁）	12	三菱マテリアル（旧三菱鉱業） 日本コークス工業（旧三井鉱山） 日本政府	3日26日再提訴（19名）
3月28日	河北省滄州市人民法院（地裁） 河北省衡水市人民法院（地裁）	44	三菱マテリアル（旧三菱鉱業）	
4月2日	河北省石家荘市高級人民法院（高裁）	149	三菱マテリアル（旧三菱鉱業）	
4月15日	山東省済南市高級人民法院（高裁）	700	三菱グループ現地法人二社	

「自由、民主主義、基本的人権などの価値を共有」という一四年版まであった表現を削除し、「最も重要な隣国」と表記するにとどめたのである（『毎日新聞』一五年四月一日）。

この間、徴用工問題も、これまで提起されてこなかった中国の国内司法手続きに公に広がった。本邦紙報道によれば、五件、延べ人数で一〇〇〇名近くの訴訟が提起されはじめている（表参照）。

中国側による訴訟と韓国の訴訟提起者の間の連携を探る動きも顕在化しており、四月二日の河北省高裁への提訴前の集会には三名の韓国の訴訟関係者も出席し（『毎日新聞』一四年四月二日夕刊）、合同慰霊祭が開催されたと報ぜられている（『産経新聞』一四年四月三日）。

他方、中国集団訴訟の動きが表面化してから約一年、事態は表面的には動きが止まっているようにも観察され、この間、日本側関係企業が水面下で和解のための協議を進めていたとの報道も出ており、これからの動きは、軽々には推し量れないものもある（「和解交渉中止と原告側＝日本企業の強制連行訴訟―中国」『時事通信』一五年二月一一日）。

事態の進行は全く予断を許さない。いかに六五年体制に韓国が不満を持つとしても、これを壊すのではなく、これを相互に尊重し補完することから次の時代の合意を実現していく以外に、両国政府を破局から救いだす方策はない。その次の時代への合意に、日本側において、〇七年に開いた自発的・道義的な解決の方法を考える方策はないのか、今一度提起しておきたい。

竹島問題

竹島問題が韓国人にとってあまりに根本的な問題であり、この問題に正面から手を触れることには益がないという意見は、長く日韓の関係者の共通の理解になっていた。けれども、本当にそうだろうか。現在膨れ上がりつつある両国間の司法対決の困難さから見れば、むしろ竹島問題との共存を図ることの方が障害が少ないようにも見える。

確かにこの問題に関する韓国側の意識には、日本がこの島を領有したのが一九〇五年で、五年後の一九一〇年に韓国を併合したという否定しがたい歴史的事実がある。韓国からみれば、竹島は「日本による朝鮮侵略の最初の犠牲の地」と映る。その「恨」が根本にある。

さらに、五四年、竹島を韓国側が実効支配したころから、竹島イコール韓国のアイデンティティという現象がでてきたようである。日本側で言うなら、富士山が日本人のアイデンティティであるのと同じような物語が「独島《トクド》」についてできあがったようである。この点は多くの日本人にとって必ずしもよくわからないのであるが、それでも、日本側も韓国人にとっての独島問題はそういうものとして理解を深めてきたと思う。

その上で一九五一年、サンフランシスコ平和条約締結のとき、韓国から見れば不当な扱いをうけたという怒りが、独島領有に関する歴史的正当性を証明しようとするエネルギーを生み出してきたように見える。交渉妥結に至るアメリカの立場は種々にゆれうごき、最終的には、竹島の島名は条約からは消え、帰属の問題は先送りされた。けれども、締結時のアメリカ政府の考え方は、五一年八月一〇日、ラスク極東担当国務次官補からの、竹島が「我々の情報によれば朝鮮の一部として取り扱われたことが決してない」という書簡によって表明された（外務省ＨＰ：『竹島問題を理解するための10のポイント』7）。

韓国側としてラスク書簡の論拠を覆すためには、「我々の情報によれば」というところで使われている「according to our information」という部分をひっくり返し、「当時日本政府がアメリカに提供した情報は間違っていた」ということを証明しようということになる。猛烈な情念がここに結集することになった。

韓国側にすれば、領土問題は存在しないし、交渉の余地などあり得ないし、ましてや国際司法裁判所（ＩＣＪ）提訴など言語道断ということになる。そういう韓国に特有の背景を考えれば、〇五年の島根《しまね》県による「竹島の日」設定に対する盧武鉉《ノムヒョン》大統領の「外交戦争」という激昂《げきこう》ぶりも、〇六年の海底地図測量問題をめぐる両国海上保安当局による一触即発の事件も、〇八年大統領就任後の李明博大統領をゆさぶったアメリカ政府の地理的名称委員会による竹島・独島命名問題も、一一年、日本の国会議員の鬱陵島《うつりょうとう》訪問への査証拒否によって跳ね上がった緊張も、みなある程度説明できる。

しかしながら、問題を日本側から見れば全く別のように見える。〇五年の竹島領有は確かに日本の朝鮮半島進出の過程でおきたことではあっても、領有の正当性については多くの日本人はこれを疑ってこなかった。従って、四五年敗戦によって国防力を失った日本に対し、五二年李承晩ラインを設定し竹島をその内側に取り込み、五四年竹島の実効支配を韓国が確立したことについて、納得できないと思っていた日本人は多数いたのである。

それでも爾来《じらい》日本政府の解決策は一貫して「話し合いによる解決」であり、これに応じない韓国側への対案は、ＩＣＪによる司法的解決だった。五四年九月日本政府は口上書をもって韓国側にＩＣＪ付託を提案し韓国側の拒否にあっている。

日韓間の次の話し合いの機会は六五年に実現した国交正常化交渉で訪れた。日韓それぞれの見解を表明した四往復のやりとりがあり、日本側は再びＩＣＪ提訴を提案したが合意に至らず、結局「紛争は外交交渉により、それで解決できなかった場合には調停による」という趣旨の「紛争解決に関する交換公文」が交わされた。日本側は、竹島問題がこれに該当するとし、韓国側は「独島問題は紛争の対象ではないから交換公文の対象ではない」としたのである（注３）。

以上の日本側の交渉態度において、決定的に重要な点が一つある。それは、韓国が五四年に竹島を実効支配して以降、日本側はこの問題を日韓関係の中心課題として提起してこなかったということである。日本が現状変更を求めているもう一つの領土問題である北方領土と比べると、この差異はあまりにも歴然としている。北方領土問題について日本側はこれまで真に返還、すなわち現状の変更を求めてきた。しかし竹島問題についての日本側の立場は、司法的解決であった。ＩＣＪ提訴は万が一日本側が敗訴となれば領有権を失うことを意味する。あくまで日本への返還を求めるというのであればその前段において必死な交渉があるはずである。この問題との共存によって問題を非政治化することは、今なら日本側に受け入れられるはずである。

いま気をつけなければいけないのは、一二年夏この流れにいささかの変化が生じはじめたのかもしれないことである。八月一〇日、李明博大統領が突然竹島を訪問、その映像が日本の茶の間を駆け巡った。これまでの竹島をめぐる争いでは、とにかくいつも韓国側が怒っていた。今回怒り出したのは、日本側である。多くの日本人にとってテレビの画面の中の竹島における李明博大統領は、一〇年一一月、さらに一二年七月国後《くなしり》島を訪問したメドベージェフ大統領の映像に対する不快感と重なって見えた。さらに日本側の怒りは、李明博大統領が、仮定の問題としてとりあげた天皇陛下の訪韓について、「韓国人の心に響く謝罪が必要だ」と述べたことによって一挙に増幅された。

しかし日本政府の対応は、この時もまた、ＩＣＪへの提訴ということになり、韓国の共同提訴拒否をうけて、日本政府の単独提訴にいくかどうか、しばらくの間両国関係は緊張した。結局、年末の両国の政権交代によって竹島問題は政府間の主要な緊張要因としてはやや緩和していった。けれども逆にこのことは、改めて竹島問題の根の深さを印象付けることにもなったのである。

それでは、以上の双方の立場を勘案して、いかなる政策をとればよいか。問題の最終解決は、筆者には見通せない。しかし、最終解決に至る前の不可欠の道標《みちしるべ》として、一つの方向性を提案したい。

第一に、竹島問題を政治的に棚上げする。

真に驚くべきことに、日韓の間におよそそういう時期が三〇年もあったようなのである。そういう時期が双方の合意によって形成されたとするのが、六五年交渉における「竹島密約」説である。

本件について最も総合的に著述したのが、ロー・ダニエル氏による『竹島密約』であることはすでに述べた。当時の両国トップは、朴正熙大統領と佐藤栄作《さとうえいさく》首相。密約に直接署名したのは、それぞれのトップからその任を託された丁一権《チョンイルグオン》国務総理と河野一郎《いちろう》国務大臣だった。署名された文書には、次のような文言が記されていたとされる。

竹島・独島問題は、解決せざるをもって、解決したとみなす。したがって、条約では触れない。
(イ) 両国とも自国の領土であることと主張することを認め、同時にそれに反論することに異論はない。
(ロ) しかし、将来、漁業区域を設定する場合、双方とも竹島を自国領として線引きし、重なった部分は共同水域とする。
(ハ) 韓国は現状を維持し、警備員の増強や施設の新設、増設を行わない。
(ニ) この合意は以後も引き継いでいく。

「解決せざるをもって、解決したとみなす」というのは、大変興味深い知恵である。解決していないのに解決したとしているのだから、まさに〝棚上げ〟したのである。けれども、解決していないのだから互いに主張する権利までは否定しない。しかし、お互いの主張は、解決しているのだから柔らかなものにならざるをえない。

いま外務省はこのような「合意が行われたとの事実はない」と、完全否定の態度をとっている（〇七年四月三日、鈴木《すずき》宗男《むねお》議員の質問主意書に対する回答）。けれども三〇年間にわたりこの問題は、二国間関係で大きな緊張の対象にならなかった。密約以降、現実の日韓関係は、ほぼ三〇年、あたかも密約があるかのように推移したように見えるのである。

筆者は八六年七月から八八年一一月まで、倉成正《くらなりただし》外務大臣秘書官として、二度日韓外相会談に出席した。この会談において日本側は、竹島問題について簡潔に日本の立場を述べるにとどめた。密約の内容とよく似ていた。

しかしながら、韓国側は金泳三《キムヨンサム》大統領のころから、密約の存在などなかったかのように、ヘリポートや宿泊所を建設したり、軍の詰め所を強化したり、実効支配の実績づくりを明確化していった。実際に存在したか否かは別として、「竹島密約」で了解された精神は、なくなったのである。

第二に、法的・歴史的側面を含む対話を、民間レベルから始める。

両国間において高度に政治問題化した領土問題の法的・歴史的側面を、すぐに政府レベルで議論しはじめることが難しいなら、これらの問題を民間レベルにおいて、真摯《しんし》に冷静に建設的に話し合うことは可能なのではないか。

一一年九月に名古屋《なごや》大学の池内敏《いけうちさとし》教授と嶺南《ヨンナム》大学金秀姫《キムスヒ》教授との間で、歴史実証主義を尊重した真剣な議論が行われた。私の手元にいま、一二年一二月に池内敏先生がこれまでの論考をまとめて発行した『竹島問題とは何か』がある。もう一冊、私の手元に、一二年二月に発行された韓国北東アジア歴史財団の理事長金学俊《キムハクチュン》氏の『独島研究』がある。金学俊氏著書の二〇〇四年版は、保阪正康氏との共著において私が韓国側の主張に反論するためのベーステキストとして読み込んだ本である。こうやって、研究者同士の地道な研究は、確実に前進しているのではないか。

第三に、竹島を平和と協力の島として活用する。

筆者は、竹島を平和と協力の島とする信頼醸成措置をとるよう、〇九年六月に、アメリカ・ワシントンのSAISで開かれた「独島・竹島・リアンクール岩礁：北東アジアにおける歴史・領土・主催」セミナーで提案した。まったく予想していないことだったが、アメリカ人、韓国系アメリカ人のみならず、韓国から出張してきた方々も、このアイデアを支持してくれた。その時の雰囲気と今の日韓間の表面的な雰囲気との差はあまりにも大きい。同じ問題を扱っているのかという気持ちにさえなる。

究極の課題は、竹島という日韓の間にささった棘《とげ》を、お互いのプライドを傷つけない形でうまく抜くことができるかにかかっている。そのために必須なのは、日韓が相手の国を信用できる国と思えるか否かということである。国を信用できるかということは、抽象的な概念としての国家が信用できるか否かという問題ではない。その国を構成する指導者が、国民が、人間が信用できるか否かという問題に帰着する。

提言　歴史に学ぶ日韓関係

しかしながら、慰安婦・徴用工・竹島と続く日韓間の懸案を見ていると、その基礎となる双方の視点が余りに乖離していることに、再び愕然《がくぜん》とする。歴史を振り返り、そこに何らかの知恵を見出《みいだ》せないか。

そういう意味で私たちがまず振り返りたいのは、日本では古墳時代、大和《やまと》朝廷の下で国の統一が本格化し、韓国では高句麗《こうくり》・百済《くだら》・新羅《しらぎ》が勢力を競い、これに強大なる唐《とう》が関与、結局六六三年白村江《はくすきのえ》で、新羅・唐の連合軍に百済・大和の連合軍が大敗した古事である。この敗北によって大和は半島への影響力を失い、百済の王族・貴族の一部が大和に移り住んだ。

それから約六〇〇年、半島と日本との関係に不即不離の時代が訪れるが、今それを振り返って日本人の記憶にはっきりと定着してきたのが、日本古来の文化の多くが朝鮮半島を経由して日本に入ってきたということである。さらに、白村江の敗北という王国の滅亡の後日本に移ってきた百済の王族が天皇家の血筋に入ってきたという事実がある。

二〇一〇年一〇月奈良《なら》で開催された「平城《へいじょう》（奈良）遷都一三〇〇年記念祝典」で天皇陛下が述べられた次のお言葉は、現代日本人の認識をよく象徴している。

「平城京に在位した光仁《こうにん》天皇と結ばれ、次の桓武《かんむ》天皇の生母となった高野新笠《たかののにいがさ》は続日本紀によれば百済の武寧王《ぶねいおう》を始祖とする渡来人の子孫とされています。我が国には奈良時代以前から百済を始め、多くの国から渡来人が移住し、我が国の文化や技術の発展に大きく寄与してきました。（後略）」（宮内庁ＨＰ）

さて、日本と朝鮮半島との関係は、元《げん》・高麗《こうらい》の連合軍によって日本が攻められた元寇《げんこう》によって大きくゆすぶられる。しかしこの争乱は、一二七四年文永《ぶんえい》の役、八一年弘安《こうあん》の役とともに、「神風」による好条件も加わり、元・高麗軍の敗北となって日本側には勝利の記憶が主に残ることとなった。半島との「不即不離」の関係はそれからさらに三〇〇年続いたのである。

しかし、豊臣秀吉《とよとみひでよし》による朝鮮出兵（一五九二年～文禄《ぶんろく》の役、九七年～慶長《けいちょう》の役）は、結局侵略した日本軍の敗北をもって終わり、朝鮮半島に深い爪痕を残した。この戦争による両国関係の危機を速やかに収束し、その後の平和の時代を築いたのが徳川家康《とくがわいえやす》である。

家康は元来秀吉の半島出兵に賛成せず、徳川の将兵を半島に渡らせることはしなかった。一六〇〇年関ヶ原《せきがはら》で西軍をやぶり国内一の実力者となった家康は即刻対馬《つしま》藩に命じて朝鮮との和平交渉を開始した。国書の発送、犯陵賊の縛送など様々な事前折衝の末、〇七年朝鮮側は通信使（回答兼刷還使）を派遣し江戸城《えどじょう》で徳川第二代将軍秀忠《ひでただ》と謁見、国書を交換して国交を回復。帰路に駿府《すんぷ》（現在の静岡《しずおか》）を訪れ、朝鮮暦の六月一九日に清見寺《せいけんじ》に入り、六月二〇日駿府城にて家康に謁見した。以後徳川時代二六〇年の平和の時代に朝鮮通信使は一二回の日本訪問を果たし、鎖国の時代における貴重な対話と交流の場となっていったのである。

いま日本では、日本と朝鮮との最も難しかった局面を修復し、平和と交流の場に変えていった家康の知恵を学び直そうという動きが出ている。一四年六月二〇日、朝鮮通信使ゆかりの清見寺にて、川勝平太《かわかつへいた》静岡県知事の呼びかけにより、裏千家《うらせんけ》大宗匠千玄室《せんげんしつ》を亭主に、イスンジュン駐横浜韓国総領事を正客に、徳川宗家第一八代当主徳川恒孝《つねなり》氏を次客とした茶会が開催された。一五年、残念ながら日韓の雪解けはまだ訪れていないが、清見寺のお茶会は、歴史から未来を見据える行事として、真剣に準備されている。

さて最後に、いうまでもなく、江戸期の日本と朝鮮半島との関係を根本的に変えてしまったのは、明治維新以降の日本の急速な台頭と日清・日露両戦争の勝利と帝国主義化、そして一九一〇年の日韓併合である。韓国側でこういう日本の動きを止めようとして一九〇九年に伊藤博文《いとうひろぶみ》を暗殺したのが安重根《あんじゅうこん》であり、韓国においては義士安重根・最高の愛国者として広く国民の敬愛をうけている。

しかしながら、安重根に尊敬の念を持っているのは韓国人だけではない。日本人の中に、様々な角度から安重根の人格と祖国愛と信念にふれ、この人は立派な人だ、明治の元勲伊藤博文を暗殺したことは日本人として肯定できないとしても、そのことによって安重根の本当の姿とその理想の高さを見失ってはいけないと考えてきた人たちがいる。

それが、安重根を旅順《りょじゅん》の獄中で監視にあたった千葉十七《ちばとうしち》であり、安重根が処刑の朝千葉十七におくった書「為国献身軍人本文」は長く千葉家の家宝として祈りの対象となったあと、今ソウルにある安重根義士記念館に保存されている。

安倍総理の外交問題の最大のブレーンとなった岡崎久彦《おかざきひさひこ》氏（故）は、若き外交官としてソウルに赴任した後一九八三年に名著『隣の国で考えたこと』を出版した。岡崎氏は、安重根の立派さについて筆を惜しまず、当時アメリカ人の友人が安重根について「伊藤博文公を暗殺したコリアン・ファナティックのことだろう？」と言ったのに対し、「安重根がアメリカ人の常識として『あっ、あのコリアン・パトリオットか』といわれるようになるまでには、日本、アメリカ両方における韓国近代政治史の今後の成熟が必要でありましょう」とまで述べている（岡崎久彦『なぜ、日本人は韓国人が嫌いなのか。――隣の国で考えたこと』WAC BUNKO、二〇〇六年、八一～八九ページ）。

〇七年秋に私がソウルの安重根義士記念館を訪れた時流されていたビデオに、以下の安重根の一節があった。「いま韓日は非常に不幸な形で袂《たもと》を分かってしまった。しかし、いずれの日か、韓日清（中国）はともに手を携えて、北東アジアの平和と繁栄をつくっていかねばならない。そのためには、三国共通の銀行をつくることも有益だろう。三国の若人が集まって、地域の安全保障を担う舞台をつくることも考えられる」。

一四年一月にハルビン駅構内に「安重根記念館」を開設した中国首脳とこれを支持した韓国の首脳に、安重根が抱いていたアジア人の理想に対してほんの僅《わず》かでも理解があったのだろうか。反日の道具として開設されたこの記念館を、最も深い悲しみを持って見ているのは、安重根本人のような気がしてならないのである（注4）。

注1　「ナイーヴな楽観主義」「二〇一〇年代の現実」他は、nippon.com「日本が世界で勝ち

残るために重要な2015年の日韓関係」(二〇一五年一月一三日)で論述。
注2　韓国人による七つの恨は、拙著『歴史認識を問い直す』(角川新書、二〇一三年)一五〇~一五一ページにも記述。
注3　竹島をめぐる交渉経緯については、保阪正康・東郷和彦『日本の領土問題』(角川新書、二〇一二年)八七~九四ページに論述。
注4　安重根義士記念館で見知った風景については、拙著『歴史と外交』(講談社現代新書、二〇〇八年)一一八ページに記述。

第五章

北方領土問題

ウクライナ危機以後の日ロ関係

ウクライナ危機は日本外交の千載一遇の機会

（前略）ウクライナに関しては関係国で話し合いを継続していこうという中で大統領選が行われ、ポロシェンコ大統領が誕生しましたが、なかなか停戦が実現しないうちに七月一七日、マレーシア機が墜落しました。これは親ロシア派勢力がロシアから提供された地対空ミサイル、ブークで誤射したと、それについてプーチンに責任があるという論調がワッと固まった。そしてアメリカとEUがロシアの銀行、エネルギー企業、防衛関連企業を対象に技術協力にも踏み込んだ制裁を発表し、ロシアの側も報復制裁を掛けてきています。しかし、ロシアが関与していたという物証は何一つ挙がっていないし、アメリカも示そうとしない。

墜落から一か月経過して、アメリカが出したメッセージは間違っているという議論が国際世論にはじわじわ出て来ています。その重要な一つがシカゴ大学のジョン・ミアシャイマーが『フォーリン・アフェアーズ』に寄稿した論考です。いま米政権が採っているイデオロギー的なロシア叩《たた》きではだめだ、パワーポリティックスの中でロシアをちゃんと位置づけて、これは実は昔西谷《にしたに》さんが私に教えてくれたことですが、ウクライナをロシアと欧州の間のバッファーとして育てていかなければいけないといっている。そして、冷戦終結後のアメリカのロシアに対するアプローチは、ひたすらリベラルな民主主義という価値を旧ソ連邦、東欧に押し込むというものだった。それをやりすぎたツケがいま回ってきているのだと。（中略）

いまプーチンの怒りは激しい。その結果、東を向いて中国に接近している。しかし中国にだけ向くことにはロシアの潜在的な不安が絶対にある。だから、これは日本にとって千載一遇の機会です。ここで日本がアメリカに偏らず、強力な自立外交を展開すれば、その結果として、北方領土問題は動く。（後略）

「ウクライナの安定へ　世界を動かす日本外交の役割とは何か」（『世界』対談西谷公明《ともあき》×東郷和彦、二〇一四年一〇月号、八六一号、三八～五一ページ）

一三年四月安倍総理大臣のモスクワ訪問

この訪問は、久方ぶりに日ロ関係を本格的に動かすのではないかと言う期待を抱かせる訪問だった。その原因は、日ロ関係が大きく動く可能性をはらんだ戦後三回目の「時代の節目」にあたったからである。

最初の節目は、日本が敗戦から立ち直り、国際社会に復帰するという大きな転換点の中で迎えた。スターリニズムからの脱却という時代の転換を迎えていたソ連は、それなりに日本の復帰を受け止め、一九五六年に日ソ共同宣言が合意され、その九項において「平和条約の締結後の歯舞《はぼまい》・色丹《しこたん》の引き渡し」という明文が残った。

二番目の節目は、冷戦の終了とソ連邦の崩壊・ロシア連邦の成立という時期に迎えた。バブル経済の絶頂期にあると見られた日本は、自壊したソ連邦に代わる新ロシア連邦との交渉により積年の日ロ関係の打開を企図したが、一九九一年のゴルバチョフ大統領の訪日、九三年のエリツィン大統領の訪日をもってしても両国関係の打開に至らず、結局〇一年のイルクーツク協議を最後に日ロ両政府はこの時代の転換を摑《つか》み損ね、交渉はいったん沈静化した。

そういう長い逸機の歴史が続いている中で、二〇一二年、日本をとりまく国際環境が激変した。

中国政府内に尖閣に係るいかなる領土要求があろうと、日本の実効支配を力によって変える政策は、戦後の国際秩序の中では許されない覇権主義であり、国連憲章違反に限りなく近い政策である。戦後初めて、日本政府は外交の失敗は軍事衝突をもたらすという国際政治の現実の前に引き出された。日本政府の対応は、「抑止」と「対話」の適切な組み合わせしかない。同時に、周辺国との友好関係を強化し、その上で日本の外交力を総合的に高めることが、二〇一二年以降日本外交の喫緊の戦略的な課題となった。

そういう観点で考えるなら、米国との同盟関係を強化することが第一の課題になるが、その次の自然な選択は韓国とロシアである。韓国との関係が緊張含みで続いているなかで、ロシアの戦略的重要性はとみに増大している。ここに、日ロ関係を根本的に変える「時代の節目」が生まれたのである。

さて、以上の日本の戦略的な対ロシア展開に対し、ロシアの対日政策の基本はどこにあるのか。ロシアは、中国との間で極東・東シベリアにおいて四三〇〇キロの陸地続きの国境線を持ち、その台頭の持つ意味を最も深く考える立場にある。中国を挑発することなく、良好な露中関係をつくることは、ロシア外交にとって絶対に間違えてはならない重要課題であるし、同時に、周辺国との間に強固な友好関係を築くことは、ロシアにとっても喫緊の戦略課題になる。日本が不用意に中国カードをもてあそべばロシアはこれを峻拒《しゅんきょ》するのは自明であるが、第三国の利益を害さない日ロ関係の強化はまた、ロシアにとっての戦略的な課題でもあるのである。

二〇一二年、大統領職に返り咲いたプーチンの思考は、以上のように展開していたように見える。プーチンにとっての最大の目標は、社会の閉塞《へいそく》感と不公平感を吹き飛ばし、強いロシアを創造することにある。内政面から見れば、強いロシアは、強い経済力から生まれる。プーチンにとっての強い経済は、二つの大きな政策方向から出る。

一つは積年のロシア経済の目標である「付加価値経済」力の創造であり、日本からの技術と投資は、正にそれを誘引する大きな可能性のように見える。

もう一つは、これまでロシア経済を支えてきたエネルギーの安定輸出を通じて国家財政の基礎を揺るぎないものとしておくことにある。米国発のシェール・ガスによる天然ガスの供給拡大と欧州市場の低迷は、いやがうえでも、アジア太平洋への天然ガスの輸出拡大への関心を高め、そこに大口ユーザーとしての日本の可能性が開かれているように見えるということである。

二〇一二年三月一日、プーチンが主要国首脳会議（G８）構成国の記者と会見し『朝日新聞』の若宮啓文《わかみやよしぶみ》主筆（当時）の質問に対し、自分が大統領になったら、日ロ経済関係を抜本的に進めたいということと、「引き分け」の原則によって領土問題を解決したいと述べたのは、以上の時代的背景があったと解される。

そういう背景の下で行われた一三年四月の安倍訪ロにおいて発表された共同声明、採択された諸文書、共同記者会見の様子、訪問した代表団の構成などを見れば、政治戦略、経済、領土交渉の日ロ関係の三分野で、明確な前進を遂げたことが看取される。

政治戦略的観点からは、外相・防衛相による「２＋２」の設置を決めたことは、見事であった。同盟国アメリカとのみ一九九〇年から維持してきたメカニズムであり、〇七年安倍前政権の時に「価値観を共有する国」の代表格ともいえる豪州と開始した「２＋２」を、他ならぬロシアとの間で開始することにしたわけである。

経済的観点からは、まず、奥田碩《おくだひろし》国際協力銀行（ＪＢＩＣ）総裁、岡素之《おかもとゆき》住友商事《すみともしょうじ》相談役、佐々木則夫《ささきのりお》東芝《とうしば》社長、萬歳章《ばんざいあきら》全国農業協同組合中央会会長ら約五〇人の同行が目を射る（『毎日新聞』一三年四月二八日）。

特に、ＪＢＩＣとロシアの対外経済銀行（ＶＥＢ）及びロシア直接投資基金（ＲＤＩＦ）との間で「日ロ投資プラットフォーム」がつくられ、そのための関連取り決めができたことは、注目に値する。ドミトリエフＲＤＩＦ社長がいうように「スマートシティ、放射線医療、農業、輸送などが有望であり、(中略)年末までに第一陣の共同投資案件がきまり、(中略)三年間で日本の対ロ投資を一〇倍に増やせる(『日本経済新聞』四月二八日)」ということになるか、これからが正念場ということになる。

エネルギー関連プロジェクトに関しては、サハリン—ウラジオストック間のパイプライン敷設、ウラジオストックでのLNG基地建設などの動きが伝えられるが、肝心の天然ガスの輸入については、米国からのシェール・ガス輸入の可能性を両睨《にら》みしながら、経済条件の有利化を図ろうというのが日本の戦略と伝えられる(『毎日新聞』同上)。

領土問題に関しては、事前には共同声明の作成作業が難航したことが伝えられたが、七項で「双方に受け入れ可能な形で、最終的に解決することにより、平和条約を締結する」決意が表明され、八項で領土問題について過去に結んだ諸文書が二〇〇三年行動計画を引用することによって確認され、さらに、九項で「両首脳の議論に付すため、平和条約問題の双方に受け入れ可能な解決策を作成する交渉を加速させるとの指示を自国の外務省に共同で与えることで合意した」と定められたことは、すべて評価できる。

さはさりながらである。これからの交渉こそ難しい。もちろん、領土交渉以外の日ロ関係全体の動きと、領土交渉が密に連係していることはすでに述べた。そういう大きな展開が、時代の節目にある日本外交にとって戦略的利益をもたらすことを述べた。投資プロジェクトの推進にしても、エネルギー関連での協力推進と輸入の拡大にしても、また安全保障面でのこれからの様々な協力の推進にしても、いずれも日本の国益にかなう動きである。さて、そういう動きが続くと仮定したうえで、なおかつ領土交渉は本当に動くのか？

パノフ・東郷共同個人提案

安倍訪ロが終わってから、筆者は、期待と不安が相克する落ち着かない日々を過ごすようになった。ロシアに関心をもつ研究者として訪問の成果とその時代背景を説明し、これが単なる偶然の産物ではないことを述べなくてはいけないと思った。前節に述べたのは訪問後六月に雑誌『世界』に投稿した内容の骨格である（注1）。

けれども、訪問直後の期待感があっただけに、その後の動きはいかにも遅いように感ぜられた。大きく動く条件がととのっているにもかかわらず、耳に入る情報では、ほとんど大きな動きが聞こえてこない。領土交渉について、事務レベルでまずは何ができるか必死で突破口をさぐる動きが全く聞こえてこない。そういう思いでこの時期の交渉を見守っていた人が、もう一人いた。アレクサンダー・パノフ氏である。

私が携わってきた日ロ関係は、パノフ氏の存在なくして語ることができない（注2）。パノフ氏と私は、同世代である。彼はロシア外務省の日本畑を、私は日本外務省のロシア畑を歩いてきた。

最初に本格的に彼と話したのは、八九年の秋、ソ連課長としての私が、就任したばかりのソ連外務省アジア太平洋局長としてのパノフ氏と二人でモスクワの日本料理屋で昼食をとった時だった。この時、九一年のゴルバチョフ書記長の訪日が射程に入ってきた時ではあったが、ソ連政府の公式的な立場は「領土問題は存在しない」というものだった。話し合いの冒頭からパノフ氏は、「書記長の訪日では、今後の関係発展のための基本原則を合意し、その中に一九五六年宣言を書くのはどうか」と言ってきた。仰天した。パノフ氏の率直で腹を割ったやり方は、正に新思考外交を象徴する新風だった。

それから、九一年四月のゴルバチョフ大統領の訪日にむかって、私たちはたくさんの情報を共有しながら相談するようになり、その過程で徐々に私は、旧思考による硬直的な交渉態度から抜け出していったと思う。

次の機会は、九四年から九六年まで、私が在ロシア大使館次席公使として勤務し、パノフ氏がロシア外務省次官としてアジア太平洋政策を仕切っていた時だった。

三回目がパノフ氏の駐日大使時代、筆者の九六年から〇一年の本省勤務の五年であり、欧亜局審議官、総括審議官、条約局長、欧亜局長とかわるポストの間で、一回のとぎれもなく私たちは話に話を重ねた。その最後の頂点が、〇一年三月の森総理とプーチン大統領のイルクーツク首脳会談であり、そこで森総理が行った「歯舞・色丹と国後・択捉《えとろふ》の並行協議」という提案だった。

残念ながら私たちにとって、国に捧《ささ》げて仕事をした最良の時期はここで終わった。筆者は〇二年に退官、数年後パノフ氏もノルウェー大使を終《しま》いに退官。けれども、私たちの個人的な友情と日ロ関係に対する関心は、それからもずっと続いていた。

プーチン大統領から「双方負けにならない引き分け案」でいこうという提案がでている中で、四月の公式訪問の採択文書に二回も「双方によって受け入れ可能な」案を探求するという表現が入っていることは、決して悪い兆候ではなかった。二人の間で阿吽《あうん》の呼吸で、それでは、自分たちならその「受け入れ可能な案」をどういう風に考えるか試してみようという話がでてきた。

当時二人が携わっていたプロジェクトの日程やお互いの空いている日程をいろいろやりくりした結果、パノフ氏の一番早い来日の機会をとらえて、一三年六月一日、どこか静かに話せる場所を探しておきましょうということになった。

さてその六月一日、久闊《きゅうかつ》を叙して本題に入ろうというところで、パノフ氏から三枚紙が渡された。大使と局長で話し合った時に何回か経験していたので、特段の驚きはなかったが、パノフ氏の気合いはひしひしと伝わってきた。それでは話の始まる前に一渡り読ませてくれと言って、大急ぎで大要を把握した。終わりの半ページまでは、今回の安倍訪ロの評価、たくさんの肯定的な成果もあったが領土交渉をめぐる彼我の立場の差は大きいこと、今後交渉を成功裏に進めるために従うべき原則と言ったものが書いてあり、表現上気になる点は散見されたが大筋賛同できると見えた。最後の半ページに、パノフ氏が提案しようという「共同提案」が書いてあった。必然的にそこに集中して読んだ。読み終えてほっとした。

この時筆者は紙はつくっていなかったが、検討可能と考える「引き分け案」を七つに整理して、持ち歩いているノートに記入してあった。七つの案は、ロシア側にとって一番受け入れやすいものを一つの端におき、日本にとって一番受け入れやすいものをもう一つの端に置き、お互いの受け入れやすさの程度に応じて並べてあった。パノフ氏の案は、ちょうど私が考えていた真ん中の案の一つにピタリと一致していたのである。

若干の調整を経て最終的に合意されたその核心部分は、以下のとおりである。これは最終合意されたロシア語文からの直訳である。

双方は、一九五六年共同宣言第九項に従って交渉を始めることに同意する。そこには、歯舞・色丹の平和条約の締結の後の日本への引き渡しが規定されていることを想起したい。

交渉が成功裏に進み基本事項について合意に達するのと併行的に、国後・択捉に双方にとって受け入れられる法的な位置をもつ特別共同経済特区を創るための交渉を進める。一九九八年一一月の小渕総理のモスクワ訪問の際、ロシア側からこのような提案があったことを指摘したい。

思えば、二人の間からそういう案がすぐにでてきたのは、極めて自然なことだった。過去に二人が参加してやっていた交渉にそういう知恵があったからである。共同提案は、二つの過去の案を合体させてできていた。

一つは、五六年共同宣言であり、この提案の重要性については交渉の中で繰り返しロシア側から提起があり、〇一年のイルクーツク声明で「両国間の外交関係の回復後の平和条約締結に関する交渉プロセスの出発点を設定した基本的な法的文書であることを確認した」と合意されたものである。

しかし問題は国後・択捉である。ところがこれに関係するものとして、イルクーツク声明に先立つこと二年余り、九八年一一月一二日、ロシア側から、三枚紙による、いわゆる二段階条約提案がなされていた。この年の四月川奈《かわな》での首脳会談で橋本総理からエリツィン大統領に対し「四島を日本の主権下に置く国境線を引く代わりに日本側はその他の点でギリギリ最大限の譲歩をする」と言う提案が行われたことに対し、小渕総理のモスクワ訪問の際ロシア側から行われた反対提案だった。

その骨子は、第一条約では国境が未画定であることを前提に「共同立法」を含む特別地域を四島に布《し》き、四島全体と日本人が直接係る機会を強める。その後に第二条約で国境線を画定させるという提案だった。今回国後・択捉に適用しようとして考えられたのは、このモスクワ提案の中で四島に対し適用しようとした第一条約の内容であった。

「四島一括（物理的）返還」少なくとも「四島一括（主権）返還」以外の案を考慮しないというなら、もちろんこの案もだめである。だがお互い歩み寄れる案を考えるなら、「共同立法」「共同統治」につながる特別区をまず国後・択捉に創り、最終解決につなげていく案は決して奇想天外の案ではない。

現にエリツィン時代のロシア側の交渉の弱さは、すでに約束した五六年宣言に基づく歯舞・色丹の引き渡しに乗ってこないことだった。モスクワ提案が出てきた後東京に帰り部内で議論したときに、筆者の述べた印象の一つは「歯舞・色丹の引き渡しを合意し、同時にこの特別区を国後・択捉につくれないかな」というものだった。パノフ氏が提案し、筆者のノートの真ん中にあったのは、正にその案だった。

それからあとは、パノフ氏と筆者は、東京とモスクワに分かれて二人だけの「外交交渉」を行った。交渉を支援する同僚はいなかったから、やりとりは、メールと電話だった。内容をロシア語と日本語でかため、それを同時にモスクワと東京で出すことが目標となったが、二つのメディアに、相当のスペースの論考を同時に出すことはかなり難しい作業となった。一番鍵《かぎ》となる部分は、筆者が新幹線の連結部で約一時間の携帯対話をし、ロシア語正文についてのパノフ氏とのやりとりで決着した。

そういうやりとりを経て、結局、一三年七月一九日、「白紙手形―平和条約の不在―不正常な状態」というパノフ・東郷の連名の投稿がモスクワの『ニィエザヴィーシマヤ・ガズィエタ（独立新聞）』に掲載された。同日付で、邦字紙（『朝日新聞』）にその主要点が報道され、併せて同紙のデジタル版で日本語訳全文が公表された。

言うまでもないが、この共同提案をただちに適用するにはいくつもの問題点を解決しなければいけない。歯舞・色丹の引き渡しが平和条約の締結と言う言わば最終ゴールを念頭に考えられているのに対し、国後・択捉の特別経済共同特区は第一条約つまり中間条約で設定されたスキームでしかないというのは、最も根本的な矛盾である。パノフ氏も筆者も、その点は十二分に理解していた。だがそういう落差を埋める仕事こそ、現役の方々にお願いしたい点なのである！

共同投稿の最後を、私たちは、以下の言葉でしめくくった（ロシア文より直訳）。

交渉の過程では、もちろん、双方が受け入れ可能な妥協の探求を必要とする立場の乖離《かいり》が発生する。しかし、交渉と率直な対話なしに合意に達することは不可能である。このような提案は、批判や反発をまねくかもしれない。けれども現時点においては、誰も、平和条約問題解決のための「魔術的な案」を有していないことは明白である。安倍晋三総理がモスクワの交渉の後、「一息ですべてを解決する魔法の杖《つえ》は存在しない」と言われたのは偶然ではない。

その後の交渉の進捗《しんちょく》のスピードは、私たちの視点からは決してはかばかしいものではなかった。けれども、おそらくは双方の事務当局は交渉を進めろと言う両首脳の指示に従って、必死の努力を続けていたに違いない。少なくとも極端に否定的な動きは報ぜられないままに、一三年は暮れていった。安倍総理の靖国神社参拝も、ロシア側からの公の批判をすぐに引き起こしたが、交渉の動きに本質的な変化は与えなかった。

かくて二〇一四年二月七日、ソチの冬季オリンピックの開会式が訪れた。東京都内で開かれた北方領土返還要求全国大会で安倍総理は「北方領土問題を最終的に解決したい」と強い決意を表明したあと、ただちにソチに飛び開会式に出席した。

翌八日、プーチン大統領が別荘として利用する大統領公邸で会談後の昼食会も含め二時間余りの会談が行われた。プーチン氏は、日ロの一三年の貿易額が前年を上回ったことや、新たに外務・防衛閣僚会議（2＋2）を創設したことを「二国間関係が継続的で積極的に発展している」と評価。安倍総理は、就任以来五回目の会談であることを強調。両首脳は、平和条約締結に向けた次官級協議を重ねていくこと、四月下旬の岸田外相のモスクワ訪問、六月のソチでのG８首脳会議での日ロ首脳会談、プーチン大統領の秋の訪日などの一連の日程を確認、合意した（『北海道新聞』二月九日）。

大統領は、一二年に東日本大震災の支援への感謝として秋田県が大統領に贈った秋田犬「ゆめ」をモスクワから帯同して安倍総理を迎えるという気遣いを見せた（『産経新聞』二月一〇日）。

安倍・プーチンによる日ロ関係打開への気運がここに高まり、内外の世論は、正にこれにエールを送っているように感ぜられたのである。

ウクライナ危機の浮上

だが、歴史の流れはここから暗転した。二月一九日から二一日、ウクライナの首都キーエフのマイダン・ニエザレィズノスチ（独立広場）で動乱と呼ぶにふさわしい激突が起きたのである。この激突は、瞬く間に、ロシア連邦のクリミア併合と米国主導の強烈なロシア批判、プーチンの対ウクライナ政策への深刻な懸念の表明、G８からのロシアの排除と対ロシア経済制裁の導入に発展した。かたやプーチンは、圧倒的な国内支持率の上昇を背景に、欧米の批判を歯牙《しが》にもかけずに急速な中国接近の政策を取りはじめた。

まずい、まずい、まずい！

筆者の中でとてつもなく大きな警鐘が鳴りはじめていた。何かとんでもなく間違った方向に物事が進んでいた。

まずもって注視しなければいけないのは、今ここで主張されはじめたものが乗っている国際社会の基本的な構造の問題だった。その構造問題には、国際関係論のリアリスト（現実主義者）のいう新しい力の構造の変化と衝突がある。本章冒頭で触れた、シカゴ大学のジョン・ミアシャイマーが『フォーリン・アフェアーズ』で述べた大国ロシアにとって欧州との間のバッファーとしてのウクライナの存在を認めるべきだとの主張は、その端的な表れである。同時に、ミアシャイマーの主張は、現在の国際政治の力関係では、ロシアではなく中国こそ欧米が最も注意をはらうべき台頭勢力であり、過度のロシア叩きは、ロシアを急速に中国に押しやるという国際政治の力学への洞察を加えていた。

しかしながら、ミアシャイマーの主張の背景には、ロシア及び中国がユーラシアにおいて過去・現在・未来と形づくろうとしている歴史地政学の問題がある。そういう視点で見ていった時、この問題は単に国家間の新しい力の構造変化にとどまらず、より深く広い国家のありかた、すなわち文明のありかたの問題を包含するように見える。いま世界は、新たな力の抗争を超える「文明の相克」ともいうべき時代に入ったと理解すべきではないか。

どうして、そういう見方が成立するのか。西からの分析は、ウクライナ自身の歴史地政学の持つ意味であり、東からの分析は、中国の台頭を軸とする新しい「文明の相克」が持つ意味である。そういうふうに今の世界史の変動を見るならば、そこに信じがたい日ロ提携の可能性が潜んでいるように見える。筆者はおおむねそういう視点で、『世界』の二〇一四年六月号にウクライナ問題のもつ文明論的位置づけと日ロ関係の潜在力について論述した（注3）。

まずは、西からの分析として、ウクライナ問題のもつ歴史地政学的意味について述べたい。

ウクライナが有している地政学的な地理上の重要性はいうまでもない。ヨーロッパとロシアとの間に立ち、この二つの文化・勢力圏の力の優劣を決しかねない重要な位置をしめている。

歴史的に回顧すれば、ウクライナは、ロシアとヨーロッパとの間で、極めて重要な役割を果たしてきた。キーエフを含むウクライナ東部は、ロシアから見れば、ロシア発祥の地である。すべてのロシア史の分析は、キーエフ公国から始まる。キーエフが採用したギリシア正教がロシア正教として受け継がれ、キーエフが民会（ヴェーチェ）という民主的伝統をもっていたにもかかわらず、「モンゴルの頸木《くびき》」によりその伝統がイヴァン雷帝以降のモスクワ公国に引き継がれなかったことが語られる。

けれども、モスクワ公国、ロシア帝国、ソ連邦とつらなるロシアの歴史において、東部ウクライナは、「小ロシア」とも言われ、ロシア語が使われ、ロシアとウクライナとのアイデンティティの境界が明確ではない地域として理解されてきた。ウクライナの穀倉地帯はロシアにとっての最も豊かな農業地帯であり、南東部の工業地帯はロシアにとっての重要な産業地域でもある。ソ連邦を構成していた一五の共和国の中で、ロシアとの歴史的紐《ちゅう》帯《たい》が最も強く、最後までロシアと行動を共にすると一般に思われていたのはウクライナであったと言うのもまた事実であろう。

これに対し、ガリツィアを中心とする西部ウクライナは、元来ハプスブルク王朝の下にあり、王朝崩壊の後はポーランドの下にあり、ロシアを背景とする東部ウクライナとの間でこれまで少なくとも二回激しい戦いをやっている。一七年のロシア革命時には独立を企図するウクライナとロシアとの間で戦争が起きているし、第二次世界大戦時にはドイツのウクライナ侵入をきっかけにソ連の影響力を排除するための戦争が発生、連合軍の一員としてソ連の勝利の後、ガリツィアはウクライナ共和国の一部としてソ連邦の一部となったのである。宗教的にも広い意味でのローマ教会に所属し、言葉も同じスラブ系統ではあってもロシア語とは区別されたウクライナ語を使用し、民族的アイデンティティは、ロシアとは明確に区別されていた。

九一年八月にロシア保守派のクーデターが起きた後、しばらくの間ウクライナの反ソ独立志向が噴出する。八月一九日から二一日の三日天下で終わったクーデターに対し八月二四日ウクライナ議会は賛成三二一、反対二、棄権六票でウクライナ独立を決議、これに基づいて、一二月一日国民投票が行われ、九二・三%の賛成で独立を可決、西部諸州は例外なく賛成が九五%を上回り（反対派は五%を下回る）、クリミアのみが断トツで反対が四二%に達するが、それでも、賛成票は五四%に達したのである。

このウクライナの「民意」が素直に認められたのは、ゴルバチョフが体現しようとしていた「緩やかな連邦制」に対置する劇薬「連邦解体」を導入することにより、ゴルバチョフの権力を奪取しロシア連邦を権力の主体にしようとしたエリツィンの政策の結果でもあった。ウクライナの平和的分離独立という「歴史的奇跡」が起きたのである。

それから二〇年あまり、新生ウクライナは、親ロシア派と親西欧派の対立の中で推移したし、この対立のすさまじさと複雑さの理解なしに今回の事態は理解できない。

節目は大統領選挙である。九一年に独立をリードしたクラフチュク大統領が九四年にクチマに席を譲り、クチマが任期を満了したのが二〇〇四年（退任は〇五年一月）。それに伴い行われた大統領選挙にてクチマの支持を受けた親ロシア派のヤヌコーヴィチに対し、親西欧派のユーシュチェンコが対立、再選挙を経て、ユーシュチェンコの勝利に終わり、世に言う「オレンジ革命」として、西欧派はおおいに沸いた。そして危機意識をもったプーチンは、天然ガスの供給停止という荒療治にでて、西側の強い反発をまねいた。

一〇年の大統領選挙では、親ロシア派が再びヤヌコーヴィチを担いだのに対し、親西欧派は、ユーシュチェンコとその下で二回首相職を務めた女性首相のティモシェンコの対立を解消できず、結果として、僅差《きんさ》で、ヤヌコーヴィチがティモシェンコを破ることになった。大統領となったヤヌコーヴィチは宿敵となったティモシェンコを汚職の廉《かど》で逮捕投獄。一三年一一月にはそれまでEUとの間で検討されていた政治面での連携を強めるための「ウクライナEU連携協定」の署名を拒否、ウクライナ・EU・ロシアの三者の経済連携をさぐる方向を打ち出した。

一一月二一日この動きに激昂《げきこう》した親西欧派はキーエフで大集会を開き、以後キーエフの政情は、先鋭化する親西欧派のデモとヤヌコーヴィチの汚職体質に不満を残す親ロシア派の受け身の対応の中で混乱を極め、ソチ・オリンピックのただなか、一四年二月一九、二〇、二一日の三日間、キーエフは内戦の状況を呈し、約一〇〇名と推定される犠牲者をだしたのである。キーエフにおける政治の主導権は、以後西ウクライナの親西欧派の手に収められ、東部ウクライナにおけるロシア語の公用化の禁止などの措置が東部ウクライナ人の不安を掻《か》き立てはじめた。

さて、マイダンにおける事態の内戦化は、ウクライナ問題で最もデリケートな歴史を抱えるクリミアに飛んだ。ウクライナ本体における内戦状態は、一カ月もたたない間にクリミアの三月一六日の国民投票と一八日のロシア併合協定の署名にまで進んでしまった。

歴史的には、クリミアは、数々の文明勢力の流入と流出の場であり、タタールの欧州席《せっ》巻《けん》ではその支配下に属したが、その後の一五世紀から一八世紀はクリミア・タタールの支配下でイスラム世界への奴隷交易が栄えた場所として記憶されている。一七八三年エカチェリナ大帝の下でロシアに併合され、一八五三年から五六年、ロシア帝国がトルコ英仏の連合軍と戦った「クリミア戦争」の舞台となった。これに伴いいくたの紀行文や絵画の題材となり、ロシア人の心に民族の栄光と悲哀の地として刻まれることとなった。ロシア帝国としての版図が確定した後は、黒海艦隊が母港とするセバストーポリがロシア海軍の基地として重要な戦略的要諦《ようてい》となった。

さて、このクリミアに、スターリンによる悲劇が訪れた。四二年から四三年ドイツの占領下にあった時の対独協力の罪を問われて、約二三万のクリミア・タタールが主に中央アジアのウズベクに強制移住させられ、彼らの内部記録によれば、約一〇万人が餓死者を含めて死亡した由である。スターリンの死後「非スターリン化」を進めたフルシチョフによって、クリミア・タタールは父祖の地に帰還をゆるされ、また、五四年クリミアは初めてその行政区画をロシアからウクライナに移された。ウクライナに対する何らかの配慮を示した措置ではあったが、将来ロシアとウクライナが独立した二国となることは全く想定しえない状況でとられた措置でもあった。

九一年の国民投票でクリミアのみが突出して親ロシアの票が多かったのはそういう背景による。

今回このクリミアのロシア併合が急速に動いた理由はどこにあるのか。二月のマイダン動乱以降、セルゲイ・アクショーノフ・クリミア首相以下のクリミアにおける親ロシア行動グループが果断に行動し、ロシア軍によって事実上構成される「自衛隊」と自称する覆面部隊がその行動を下支えし、この部隊が中心となり、二月二七日のクリミア議会をはじめとして、クリミア政治の戦略的要諦の地を次々と占拠していった。

クリミア住民投票も、早急に前倒しに行われることとなり、最初はウクライナから離脱したクリミアの独立を支持するという所でとどまっていたプーチンの立場も、「九六・七％の併合希望」という投票の結果をうけて「併合を受け入れない」などとはとても言えない状況が現出していったのである。

文明の相克と日ロ提携の可能性

東からの分析は、もっぱら台頭する中国の性格による。

冷戦期の中国は、毛沢東主義の中国でもあった。これは、マルクス主義を受け入れ社会主義の覇を競うという意味でソ連と同一の陣営に属すると同時に、国家の構造を毛沢東主義という立場でかためため、経済・国境・安全保障・核開発等多方面での国益がソ連との対立を生む中国だった。その中国に鄧小平が出現、七八年以来、「改革開放」の旗印の下で経済面の自由化と政治面での中国共産党の力の強化という方向に舵《かじ》を取った。八九年という冷戦終了の年に起きた天安門事件は、この経済面での自由化と政治面での権力化の方向性に重大な緊張をもたらしたが、九二年の「南巡講話」をもって「改革開放」と先富論の流れは一段と鮮明化。しかし、達成すべき課題が大きく困難なだけに、「韜光養晦《とうこうようかい》」政策によって、いわば「毅然《きぜん》たる自己主張」政策を控え、目立たない形で力をつける方向性ですすんできた。

かくて、八〇年代頃に始まる二桁《けた》経済成長により、二〇一〇年GDPで日本をぬいて世界第二位、二〇一二年には貿易総額世界第二位。一九九〇年代頃から政治面で中国は、アジア太平洋の地域協力の中に根を下ろし、二〇〇八年には「韜光養晦」の政策を止め、G20の主要国の立場を確保。二〇〇〇年代頃から軍事面でも、急速な二桁予算の拡大とともに、西太平洋・南シナ海・インド洋への海洋軍事権益を確保する新しい海洋戦略を明確化。最後に、二〇〇〇年代末ごろから、中国の論調の中に、一九世紀後半からの屈辱をいよいよ脱して台頭する中国は、「中華」の価値をうちだし、西欧が作ってきた近代の価値とは違った形での文明をつくりあげるという主張が現れはじめた。

もちろん、国内政治における環境、格差、汚職、土地問題、少数民族問題、抗議行動など、問題点を挙げればキリがない。そうであればこそ、台頭する中国がどこに行くか、おそらくは当の中国人を含めて誰もまだ明確な答えをもっておらず、それだけに、新しい中国は、これまでの西洋文明がつくりあげてきた近代文明を乗り越える新しい文明として登場する可能性があるということになる。それは敬意を持って接すべき対象ということにならざるをえないし、同時に、西洋文明という観点からは、どのように対処すべきか真剣に考えざるをえない対象ということになる。

さて、もしも今起きている力の対決ないし帝国主義的なリアリズムの衝突の背景に以上の様な「文明の相克」があるとしたら、そういう「中国新文明」の対極に立つ西洋文明の担い手は、現代においては、アメリカ及びヨーロッパ（欧米）ということになる。このことは、歴史必然的に、これから欧米対中国の対立と衝突に入るということを意味しない。歴史はなお必然としての時代の潮流と、偶然としてのその時代の人間の選択によって実現される。これからの「文明の相克」が、文明の衝突に向かうのか、それとも文明の共存に向かうのかは、中国自身がどのような文明を目指すかと同時に、西洋がどのように自己規定し彼ら自身がどういう文明を推進していくかにかかってくる。

現代の世界の根本問題を以上のように見た場合、ここに極めて重要な現象が起きていることに私たちは気付かざるをえない。西洋文明と中国との間にあって、いわば西洋とアジアとの間の存在としてアイデンティティを模索してきた国が二つある。それがロシアと日本である。

ロシアは一六九四年ピョートル大帝が政治をとりしきるようになってから、日本は一八六八年の明治維新の時代から、西洋の価値をいかにして受け入れ、いかにしてその国造りに生かしていくかは、国家存亡の課題となった。ロシアはキーエフ公国から「タタールの頸木」を経て形成されてきたモスクワ公国の伝統があり、それは「スラボフィル」の伝統として、ピョートル大帝の西欧化の動きに対置されるものとなった。一九世紀前半の、西欧派「ザーパドニキ」とスラブ派「スラボフィル」の思想的対立の時代は、革命とソ連邦の形成に連なる最も興味深いロシア思想の深化を画す時代となった。このようなアイデンティティの相克の中から、ロシア型国家としてのソ連邦が形成された。一九九一年のソ連邦崩壊に伴うロシアの指導者の思想としても、ゴルバチョフが西欧的価値の体現者としてソ連邦を崩壊においこみ、エリツィンがロシア的価値の復興を願いながらもその軸足を西欧民主主義におき、この軸足を何らかの形でロシア自身に戻そうとしているのがプーチン、と考えるのが大方の見方であると思う。

かたや明治以降の日本もまた、西洋的なものと日本的なものとの間で国のありかたを問いつづける長い歴史を経てきた。明治維新において、「富国強兵」を実現するための手段としての「文明開化」「脱亜入欧」による西欧化は、江戸期、さらにはそれ以前の大和の世界から積み上げてきた「アジア的・日本的」なものとの間に亀裂《きれつ》を生み、やがて、日本がリードするアジア主義に発展、太平洋戦争における米英との対決は一九四五年の敗戦にいたった。

ここから一転、米国占領下において「平和と民主主義」を基調とするアメリカ主導の価値を受け入れ、経済再建に専念する昭和後期の日本が誕生した。アメリカは、安保外交の「基軸」となり、文化の憧《あこが》れの対象になり、経済発展の親分から競争者になった。そういう戦後日本の国家目的は一九八九年、冷戦と昭和の終焉《しゅうえん》において見事に達成されたのである。

しかしながら昭和後期の日本における「アメリカ化」の成功は、歴史必然的に、平成期に入った日本に、新しい「日本化」の流れを模索させることとなった。平成期の日本において、そういう「新しい日本化」の動きを最初に政治の主要な動きの中に導入しようとしたのが、大平正芳《おおひらまさよし》氏の「田園都市国家」構想、小渕恵三氏の「富国有徳」構想（二〇〇〇年の施政方針演説ほか）だったと思うが、小渕総理の急逝をへて、安倍晋三総理の言う「戦後レジームからの脱却」の中に当面暴走気味にあらわれてきたのが、正にこの「新しい日本化」の流れであると言ってもよいのかもしれない。

二〇一四年、日ロ関係は実に重要な歴史的岐路に立った。両国はそれぞれ、プーチン、安倍という国内的に強い総理によって指導されており、それぞれがロシア的、ないし日本的な政治の在り方を模索している。この模索は単なる個人の趣味とか政治信条ではすまされないものがある。それは、西欧／西洋とスラブ／日本という二つの価値に引き裂かれたという共通性を持つ両国がただ今現在、スラブ／日本という歴史的方向性の模索の途に立たされていることを意味する。この両国の置かれている共通の立場によって、日ロが国際問題の中で場合によっては最も深い協力をなしとげうるかもしれない歴史的必然性が生まれると言ってもよい。

もちろん、スラブ型の専制政治を内包したロシア的な政治発展過程と、明治維新と米国占領という言わば二回の欧米の価値の流入にさらされ「民主主義」をそれなりに定着させた日本との間に本質的な違いがあることも事実であろう。しかし、この違いの存在は、二元論の中で自己の目的をさがす共通性を持つことといささかも矛盾しない。

漂流する日ロ関係

それでは、本稿を執筆する時点で、ウクライナ危機勃発《ぼっぱつ》以後の日ロ関係は歴史の中に現れたこの稀有《けう》の潜在的可能性を生かす外交を展開してきたか。痛惜の念を持って述べるなら、「否」である。

ウクライナ危機において浮上した機会の窓を摑む方策は、唯一以下の方向性しかありえなかった。

第一に、しばらくの間、北方領土問題を忘れる。日本自身がどのような位置づけをもっていたとしても、世界の大勢はこの問題を日本問題としてしか見ていない。他方、ウクライナの危機は世界問題である。世界問題の処理に世界が必死になっているときに日本問題を持ちだせば、日本は、外交のわからない、内向き志向の、利己主義国家になる。成功することはありえない。

第二に、世界問題としてのクリミア・ウクライナ問題について、他のG7諸国に対して、日本なりの自立した見方を提示し、過度のプーチンたたきは、歴史地政学的正当性に欠け、いたずらにプーチンを中国に押しやり、もってG7の利益にならない、従ってウクライナ（少なくとも東部ウクライナ）の緩衝国家としての位置づけを認知し、ロシアをG8から排除するのではなく包摂する方向で、制裁をかけるのではなく解除する方向で対応することが、G7の利益となるゆえんを説得する。

第三に、その時、結果として、一三年四月に始まり一四年二月まで続いた日ロ関係の活性化が戻ってくるし、そういう形で戻るなら、それは不可逆的な力をもってくる可能性がある。なぜなら、いかに国内的支持率が高くなろうと、ウクライナ問題はプーチンにとって半端でない危機であり、その危機におけるロシアの内在的な論理を理解する国にして初めて領土問題のような難しい問題の棘《とげ》をぬく用意が生まれるからである。

第四に、逆に失敗を宿命づけられるアプローチがある。「G7の一員としての西側の一員」の立場を守る一方、「北方領土問題解決」を内容とする対ロシア協調政策も行うと主張することである。制裁に関しては、G7に対しては「参加はする。だから時期は遅く内容は小さくても理解をしてほしい」と言い、ロシアに対しては「参加せざるをえなかった。だが時期は遅く内容は小さいので理解してほしい」と言う。俗な表現を使わせていただくなら、双方の顔をたてる「蝙蝠《こうもり》外交」を展開することである。このアプローチでは、G7の尊敬を勝ち取ることもできないし、ロシアの尊敬も勝ち取ることができない。両方の尊敬を失い、日ロ交渉について言えば、表面的なムードは維持することはできても、実質的には崩壊する。

痛切な思いをもって、以下簡潔に「蝙蝠外交」破綻《はたん》の過程を振り返ってみたい。

（一）日本の最初の制裁（一四年三月一八日）

マイダン市民戦争とその急速なクリミアへの波及に対し、G7より三月二日、一二日、二四日の三回の首脳共同声明が発出された。これらの決議では、ロシアの行動は「ウクライナの主権と領土の一体性の違反」（二日）であり、「クリミアの領土の地位に関する住民投票はウクライナ憲法に直接違反する」（一二日）であり、ロシアの行動は「強制や力によって他国の一部又は全部の領土を取得することを禁じている」ことすなわち「国際法」への違反である（二四日）と主張された。三月二日の声明で、早六月にソチで予定されるG8は「意味のある議論ができる環境が戻るまで、準備を凍結する」こととなった。

G7の一員として日本はこういう動きに同調した。

さらに米欧は、すばやく対ロシア制裁に踏み切った。三月六日ウクライナの主権や領土の侵害に関与する個人や機関の米国内の資産凍結とロシア政府関係者らへのビザ発給を禁止（『朝日新聞』三月七日）。EUも同日ビザなし渡航実現を目指す交渉中断、ロシアが強硬な態度を変えない場合資産凍結などさらに強い制裁を科す方針を決定（『朝日新聞』三月八日）。三月一二日には、資産凍結や渡航禁止の制裁文書案で合意（『朝日新聞』三月一三日）。

確かに、クリミア住民投票はウクライナ憲法の規定に従ったものではないし、また、それに先立つ一月の間の「自衛隊」の行動へのロシア部隊の参加は、武力の行使という側面は否定しえなくなる。憲法と国際法違反としての主張が成り立たないわけではない。

しかしながら、プーチン大統領は、こうした議論に真っ向から反論した。プーチンは三月一八日にクリミア併合に際してクレムリンで行った演説で、コソボ問題を引き合いに出し、「かつて西側諸国はセルビアからコソボが分離することを認めたが、その際にはセルビア中央政府の許可を一切得ていなかったではないか」と述べた。

また、「アメリカが国際司法裁判所に提出した覚書には『独立宣言は、往々にしてそうであるように、国内法に違反することがある。しかし、それは国際法違反が起こっていることを意味するものではない』と記されている」と述べている。つまり、クリミア住民の行動は、かつてアメリカも認めていたことだと言いたいわけである。

プーチンはさらに東西ドイツの統一についても言及している。そして、「当時はドイツの同盟国の中で統一を支持する国は少なかったが、自分たちはドイツ人の誠実で抑えることのできない民族統一の欲求をはっきりと支持した。だからドイツ国民も私たちを支持してくれますよね」と述べている。

一方で欧米から出始めていた「クリミア併合はウクライナ併合の前哨戦《ぜんしょう》では」という批判に対しては、三月一八日の演説では明示的に、「ウクライナの領土的一体性を常に尊重してきた」「ウクライナの分割を求めない」「ウクライナのその他の地域がクリミアのようになると怒鳴っている人たちを信じてはいけない」と述べ、その懸念を否定した（注4）。

G7の諸決議、G8からのロシアの排除、さらには各G7が個別に取り始めようとしている制裁は、ロシアの動きを抑制する効果を発揮しなかった。国連総会が三月二七日に採択したクリミア併合を認めない決議にしても、G7他これに賛成したのが一〇〇票、ロシア、キューバなどの反対票一一、BRICSのその他構成国をはじめとする棄権票が五八票、イスラエルやイランなどは欠席、世界の世論が圧倒的にロシア非難に傾いたというには程遠い状況になったのである。

そのような情勢の中で、日本は三月一八日、日ロ間で行っているビザ発給手続きの緩和に向けた協議を停止し、投資や宇宙に関する三つの協定交渉の開始を凍結する制裁を発動した。

既に西側の対応は、確実にロシアを中国の方向に動かしはじめた。三月一八日のプーチンのクリミア併合受諾演説では、諸外国の中で突出して「歴史的及び政治的文脈を完全に考慮している」中国指導者への感謝の言葉が述べられている。中国は多くの行動をとることを必要としていないように見えた。事態の平和解決を提唱し、自らの制裁措置は何も導入せず、国連の決議には安保理にせよ総会にせよ棄権し、極秘裏にプーチンを励ますことで足りる。クリミア併合の際習近平主席がプーチン大統領に電話をかけ「私はあなたを一〇〇％支持します」と言ったという有力な情報がある。

（二）日本の二回目の制裁（一四年四月二九日）

ロシアによるクリミア併合がその適否はともあれ、国際社会の現実の中に入り込んできた事態をうけて、米欧は、ロシアに対する経済制裁の実効性をあげる策を取り始める。三月二〇日、オバマ大統領は、クリミアを併合したロシア政府の関係者二〇名や銀行を対象とする制裁を発表。また、金融やエネルギーなどロシア経済の基幹部門への制裁を可能にする大統領令に署名（『朝日新聞』三月二一日）。ＥＵも二〇日、一二名の資産凍結や渡航禁止を決定。制裁対象を三三名とした（『朝日新聞』三月二二日）。

三月二四日にはオランダ・ハーグでG７は緊急首脳会議を開催。六月のソチ・サミットのボイコットも視野に入れた「ハーグ宣言」を採択。同宣言では、ロシアの行動を改めて「明確な国際法違反であり、世界中の法の支配に対する深刻な挑戦」と批判。クリミアの住民投票、ロシアの併合を共に、「違法」と非難し、承認しないとした（『朝日新聞』三月二五日）。

その後四月一七日ジュネーヴで、米・EU・ウクライナ・ロシアによる外相間の最初の協議が行われ事態の鎮静に向けた文書を採択。けれども、四月二八日、米国はロシアがジュネーヴ合意を守っていないとしてプーチン政権と関係が深い企業一七社の資産を凍結、プーチンの最側近を含むロシア政府当局者七名の在米資産を凍結。EUもロシア政府要人らに対する在欧資産凍結などの制裁対象に一五名を追加。

米欧の対露制裁網がひたひたと強まる中で、日本の対ロ政策も変わってくる。ジュネーヴ四者協議が行われていた四月一七日、予定されていた岸田外相のモスクワ訪問の延期を決定。四月二九日、日本政府もロシア政府関係者ら二三名への査証発給を当面停止する追加制裁を発表したのである。即日ロシア外務省のルカシェビッチ情報局長は「失望」を表明、日本への対抗措置を取る方針を明らかにした（『産経新聞』四月三〇日）。ただし、プーチン自身は同日米欧に対する報復措置について「準備はしているが必要だとは思わない」と述べている。

ロシアの中国への重点移動はこの辺りから明確なものになる。最も大きな出来事は、五月二〇日から二一日、上海で開かれた、「アジア相互協力信頼醸成措置会議CICA」会合であり、二〇日会合に先立って開かれた中ロ首脳会談であり、二一日「国有石油大手の中国天然ガス集団（CNPC）がロシア政府系大手ガスプロムから年間三八〇億立方メートルの東シベリア産天然ガスを、パイプライン経由で二〇一八年から三〇年間にわたって輸入する」という巨額の天然ガス契約であろう（『産経新聞』五月二二日）。

以上の状況変化は、ただちににプーチンの対日態度に表れる。五月五日谷内正太郎国家安全保障局長が極秘裏にモスクワを訪問、パトルシェフ安全保障会議書記と会談、G7と協調しながらも対ロシア外交を重視する首相メッセージを伝えたとされる（『北海道新聞』五月一〇日）。このことも、プーチンの対日態度に影響を与えているようには見えなかった。二月のソチであれほど「首脳間の個人関係」を謳《うた》いあげていたにもかかわらず、国家存亡の時に一回も電話をかけてこない日本政府のやり方からすれば、プーチンの以下の対応はむしろ当然の帰結ではなかったか。

プーチンは、中国訪問から帰った五月二四日にモスクワで各国通信社と座談会をやり、『共同通信』に対して、「私は領土交渉をやりたい。しかし日本にやる気があるかどうかわからない」と発言。そして、交渉の対象は四島、柔道の「引き分け」の精神を貫けば、お互いの妥協による解決は可能だと言ったのである。これを読んだ時筆者は、震えがくるくらいがっかりした。こういうことをプーチンに平場で言わせるような状況を日本が作ってはいけないのである。

このプーチン発言は二〇〇四年チリのAPEC首脳会議前の一一月一四日ラブロフ外相が、一五日プーチン大統領が、それぞれ、一九五六年宣言の有効性を公に発言したことがあることを思い出させた。交渉の本質にかかわることを平場で述べるということは、交渉の現状についていかに根深い不満が蓄積しているかの証拠に他ならない。実際にその後の一年間交渉は完全な不毛地帯にのりあげ、〇五年一一月のプーチン大統領の日本訪問は、共同声明すらだせない低調なものに終わったのである。日ロ交渉に対する「赤に近い黄色」信号がともったように見えた。

（三）日本の三回目の制裁（一四年八月五日）

二月から三月、焦点となっていたクリミアについては、政治的、歴史的、軍事的あらゆる側面で考えても、事態を「併合前」に戻すことは不可能となってきた。日本を含むG7諸国は、ロシアの併合を法的には是認できないにしても、問題の焦点は、ウクライナの本体で何が起きるかに移ってきた。それから約一年、複雑極まるウクライナの内政に翻弄《ほんろう》されながら、制裁によってロシアの行動を是正させようとするG7と、これに激しく反発しつつロシアにとって受け入れられるウクライナ造りを目指すプーチンとの亀裂は続いている。

ウクライナの内政上は、五月二五日に大統領選挙が行われ、ペトロ・ポロシェンコが当選。首相には西部の利益を代表するヤツェニュークが選ばれた。五月一一日に独立への賛否を問う住民投票（法的効力なし）が行われた東部ドネツク州とルガンスク州の両州で事実上大統領選挙の投票が機能しなかったものの、ともあれ、マイダン争乱以来初めての民意の表明となった。

大統領選挙後若干の小康状況が訪れたかに見えた中で、七月一七日マレーシア航空機が撃墜され、二九八名の乗員乗客が全員死亡する惨事が発生した。これは親ロシア派勢力がロシアから提供された地対空ミサイル、ブークで誤射した、それについてプーチンに責任があるという国際論調が一挙に浮上した。ロシア側は直ちに自らの関与を否定、ロシア関与の物証が挙がっていない状況下で、七月二九日、米欧の追加制裁が発表された。

米国は、「金融業界第二位のVTB銀行、モスクワ銀行、ロシア農業銀行の国営三銀行と、軍艦製造・修理最大手の国営造船グループUSCを新たに指定。国営三行に対しては、期間九〇日以上の新規業務などについて米国の個人、企業との取引を禁止し、資金調達に打撃を与える。USCに対しては、米国内の資金凍結を行う。また米商務省は、ロシアのエネルギー企業に対する石油開発関連の機器、技術関連の輸出を禁止する」(『北海道新聞』七月三一日)。

EUは、「金融分野では、ロシア政府が五一％以上を出資する金融機関が発行する期間九〇日以上の債券や株式を、EU市場で売買することや、EUの個人や企業が売買することを禁ずる。制裁には、北極海や深海の油田開発など特定のエネルギー分野の先端技術提供の禁止、軍事転用可能な民生品の輸出禁止、武器禁輸も盛り込んだ」(『朝日新聞』七月三一日)。

さて日本である。今回は七月二八日、菅官房長官は追加制裁を行う旨を記者会見で発表、八月五日の閣議了解で、「クリミア併合、ウクライナ東部の不安定化に直接関与していると政府が判断した四〇人、二団体の日本国内の資産凍結と、クリミア産品の輸入を制限する」こととした（『産経新聞』八月五日）。

ロシア外務省は同日これに反発、北方領土問題を議題とする日ロ次官級協議を延期すると発表。八月七日に決めた農産品輸入を禁止する対抗措置からは日本をはずしたものの（『北海道新聞』八月八日）、八月二二日には報復措置として特定の日本人の入国を制限する制裁を発動した（『共同通信』八月二二日）。

日本の制裁は、内容面からみると米欧が発動したものに比べ、拍子抜けがするくらいに、クリミア問題に焦点をあてロシアの実体経済には程遠いものであった。しかしながら、ロシアから見れば、マレーシア機撃墜についての明確な証拠がない状況での制裁の導入は、いかなる意味でも大義が無い。大義の無い制裁をかけてくる日本政府と共存することはできても、領土問題を含む国益の根幹を懸けた交渉をする相手と見なすことは不可能になる。本格交渉に赤信号がついたのである。

(四) 日本の四回目の制裁（一四年九月二四日）

九月以降の情勢は、一方においてウクライナの安定化のためのいくつかの重要な措置が取られるが他方、米欧からは厳しい制裁が続けられた。

ウクライナの情勢安定化のために最も必要な関係勢力による停戦については、九月五日「東部のドネツク、ルガンスクにおける地方分権、経済特区、言語の自由」をもりこんだ画期的な合意がなされた（『北海道新聞』九月六日）。一〇月二六日ウクライナ議会選挙が行われ大統領率いる「ポロシェンコ連合」を第一党とする与党連合が形成されたが、一一月二日東部二州では独自の選挙を実施、停戦合意は事実上破綻、一二月九日「停戦再合意」が成立した。しかし、東部二州における銃火は収まらない。

一方ロシアとウクライナにとって最も大事な天然ガスの供給問題についても、二〇一四年一〇月一七日プーチン・ポロシェンコがＡＳＥＭ会合の際イタリアのミラノで会談、基本合意が成立。一〇月三〇日、ブリュッセルでロシア・ウクライナ・仲介役のＥＵ間で一五年三月末までの期限付きで再開に合意（『朝日新聞』一〇月三一日）。

けれども、九月五日の停戦合意以降、ロシアの対応は不十分とする米欧の見解は変わらず、九月一二日、米欧による追加制裁が発表された（『朝日新聞』九月一三日）。

米国は「最大手の銀行も制裁対象。大手六行に償還期間三〇日以上の債券などの取引制限。ガスプロム等エネルギー五社に、シベリアや北極海の石油採掘での技術協力禁止。大手防衛企業の資金調達制限と、防衛五社への資産凍結」。

ＥＵは「大手五行への融資禁止。五行発行の償還期間三〇日以上の債券や株式の売買禁止。エネルギー大手三社のＥＵ圏内での資金調達を規制。軍事転用可能な民生品の禁輸対象に九社を追加」。

結局日本もこの流れに乗ることになる。九月二四日政府は「武器に加え軍事転用が可能な民生品の輸出を制限し、また、ロシア大手のスベルバンク等五銀行が日本国内で社債・株式を発行すること」を禁止した。ただ、ロシアへの武器輸出はすでに国際的な管理下に置かれており、日本からの輸出はない。また、制裁対象となった銀行は日本国内で証券発行の実績はなく、実際にはロシア経済への影響はほとんどないと報ぜられた（『朝日新聞』九月二五日）。

この時、日本政府は制裁を実施しつつも対話のために必死の努力をしたことがうかがえる。

八月三一日、チェリャビンスクで開かれた世界柔道選手権の最終日、ロサンゼルス五輪の金メダリスト山下泰裕《やましたやすひろ》氏が貴賓席でプーチンと同席した。その際「二人のリーダーシップで日ロ関係を劇的に改善したい」と言う安倍総理からのメッセージを伝えたところ、プーチンは「これまで私に見せたことのないおっかない顔」で反応したという。

非公式の接触は、九月一〇日モスクワのクレムリンでの森喜朗元総理に引き継がれる。安倍親書を手渡し「安倍はあなたのことをよくよく考えている。米国の意向もあって制裁に加わっているが、実質的にはロシアに害が及ばないようにやっているはずだ」と述べた森元総理に、プーチンは「そんなことはわかっている。だが、私は首相自身の口から聞きたい」と応じたという。

そこから長く待たれていた両首脳の電話会談と言うアイデアが浮上した（『朝日新聞』二〇一五年三月二九日）。九月二一日安倍総理の誕生日にプーチン大統領から電話があり、これに返す形で一〇月七日安倍総理がプーチン大統領の誕生日に電話。これを受けて、一〇月一七日、ミラノのＡＳＥＭ会合で約一〇分、ソファに着席した話し合いが行われた（『産経新聞』二〇一四年一〇月一八日）。

日本の制裁発動が九月二四日、第一回と第二回の電話会談の間であり、一見話し合いのリズムにマイナスの影響を与えていないことは、この情報をいかにしてロシア側に伝えるかについて、外交当局の非常な苦労があったことを推察させる。こういう次第を経て、一一月九日、ＡＰＥＣ首脳会議の期間中ソチのオリンピック以来の会談が開かれ、「プーチン氏訪日の来年への延期で一致。プーチン氏は対日関係の打開に意欲を示したが、訪日の具体的な日程はきめられなかった」という（『朝日新聞』一一月一一日）。

本格交渉に赤信号がついていてもなおかつ、話し合いの中から将来の途《みち》をさぐることは、適切なことだと思う。関係者の努力を多としたい。

提言　これからの対ロ政策

しかしながらこれからの対ロ政策に活路があるとすれば、その王道は一つしかない。しばらくの間領土のことを忘れることである。そして日本外交の世界観として、ウクライナにロシアと西欧のバッファーとしての歴史地政学的な地位を認め、それを基礎に、ロシアに対する制裁解除をG７に働きかけることである。

このような意見を日本の立場からアメリカ側に言うには、覚悟を必要とする。筆者も二〇一四年一〇月上旬、日米関係の会議で訪れたハワイで、国際政治を研究するシンクタンク「東西センター」を訪問し、米国の政治学者一〇名以上とプーチンのロシアとの対応の仕方について議論した。「過度のプーチンたたきはロシアを中国に追いやり、ユーラシア大陸を、中ロ枢軸と米欧陣営に分断する危険な状況を招いた」と言う筆者の意見に同調する人はほとんどいなかった。ましてや、「ウクライナをロシアとヨーロッパの緩衝国家としてある程度ロシア寄りに導くべきだ」と言う意見はさらに理解を得るのは難しかった(注5)。

年が明けてからウクライナでは、緊迫した情勢の下で打開への努力が続けられている。国内和平については、二〇一五年二月一一日から一二日午後までミンスクで、ウクライナ・ロシア・独・仏の四首脳が会談して「二〇一五年末までに東部ドネツク、ルガンスク両州の住民に配慮した憲法改革の実施」を含む新たな合意が成立した(『朝日新聞』二〇一五年二月一三日)。

国連安全保障理事会は、一五年二月一七日、「ウクライナ東部の状況は平和的な手段でのみ解決が可能だと確信する」とした上で、同月一二日の停戦合意を支持することを表明。すべての当事者に対し、停戦合意を遵守するよう求めた(『朝日新聞』一五年二月一八日)。

天然ガスの供給については、一五年三月二〇日ブリュッセルで三者会合が再協議をしたがEU筋によれば「協議を前進させる建設的な議論ができた」が、合意に至ったとの発表はない(『読売新聞』三月二二日)。

現下のウクライナ情勢の下では、こういう努力にもかかわらず、ウクライナの政治と経済のガバナンスを回復させつつウクライナとの関係を安定化させようとするプーチン大統領をG7が受容するには至っていない。プーチン大統領からは、三月一五日のテレビインタビューで「クリミア併合の際、核兵器を臨戦態勢に置く用意があった」という耳目を驚かす発言も飛び出した。

日ロ間では、二〇一五年二月一二日モスクワで一四年一月以来の日ロ次官級協議が開催された（『産経新聞』二月一三日）。

けれども、政治レベルでの対話に刺激を与える絶好の機会を日本政府は逸機した。五月九日プーチン大統領はモスクワで、対ドイツ戦勝七〇周年記念式典を開催。安倍総理を含む西側首脳が一斉に欠席する中で、習近平主席は前日にクレムリンで首脳会談、軍事パレードではプーチン大統領の隣に座った。二〇〇五年のパレードに西側首脳、小泉首相がそろって出席した状況と比べれば隔世の感がある。

けれども、ドイツのメルケル首相は九日の軍事パレードには欠席したが一〇日にモスクワを訪問、首脳会談を行っている。戦争との決別という非常に難しい問題について日本がまず考えておかねばならないのは、九月三日に中国が主催する「抗日戦争勝利記念日」にどのように対応するかである。その時の選択の余地をひろげておくためにも、例えばメルケル首相のように、「パレード欠席・首脳会談開催」と言う形で出席しておくことが最善ではなかったか。

安倍総理がロシアを回避したその数日後の一二日、ケリー米国務長官はソチにプーチン大統領とラブロフ外相を訪問、それぞれと約四時間ずつの会談を行った（『朝日新聞』五月一三日）。日本政府は、過去の戦争へのけじめについても、世界問題としてのウクライナ問題についても、日ロ関係の推進についても、戦略が見えない対応をしてしまった。残念であるという以外に、言葉が見当たらない。

今のところ、これまで述べてきた見方を変えねばならない要因が生まれたとは思われない。ウクライナにロシアとヨーロッパとの緩衝国としての地位をもたせるようにはたらきかけることのみが、ユーラシア大陸における力の対立と文明の相克を適切な均衡点に戻し、結果として、当面閉ざされた日ロ交渉を再起動させうる。他策は無いことを、信ずるのみである。

注1　拙論「『時代の節目』の転換が突き動かす日ロ交渉：ほんとうの『終わりの始まり』とな

るか」（『世界』二〇一三年七月号、八四五号、六六～七四ページ）を参照。
注2　筆者とパノフ氏がかかわった日ソ・日ロ交渉は、拙著『北方領土交渉秘録：失われた五度の機会』（新潮社、二〇〇七年、文庫版、二〇一二年）に詳述した。
注3　拙論「ウクライナの激震と日本外交の岐路：国際情勢の大転換をどう見るか」（『世界』二〇一四年六月号、八五七号、四五～五二ページ）を参照。
注4　プーチン発言への考えは、対談西谷公明×東郷和彦「ウクライナの安定へ　世界を動かす日本外交の役割とは何か」（『世界』二〇一四年一〇月号、八六一号、三九ページ）に詳述した。
注5　筆者の対ロ外交への意見は、連載投稿「紙つぶて」〈米国との微妙な関係〉（『東京新聞』二〇一四年一〇月一五日）に述べた。

おわりに　危機を打開する外交戦略

歴史問題と領土問題の「非政治化」

筆者が二〇〇二年に外務省を退官した後、日本語で自分の意見を発信し始めたのが二〇〇六年の夏。本書は、その後の一〇年の間、自分なりの問題意識をもって書き続けてきたものの中から、今一定の区切りをつけたいと考えたものを選びぬいた所存である。

選んでみると、とりあげた問題が、歴史認識問題と領土問題に集中していること、相手国が、中国・韓国・ロシア、かつ、すべての問題の背景にアメリカがいることに、今さらながら気付かされる。

歴史認識問題と領土問題を考えてきた筆者の問題意識は、一貫したものだったと自分では考えている。現下の日本が世界に置かれている位置、これまで日本が歩んできた途《みち》、今後の日本の国益を考えあわせ、筆者は、ここでとりあげた問題が、それなりの政治的な解決を見て、日本外交が世界に向かってその最良の力を発揮する障害にならない形にすることが、本当に重要だと考えてきた。そういう意味で本書の目的は、領土問題と歴史認識問題の「非政治化」にあるといってもよい。

とりあげた問題についてそれぞれに「日本の国益」というべき日本の立場があることはいうまでもない。その立場、主張をはっきりと表明し、相手側に対して賛成できないことを言うべきことも言うまでもない。それは相手側との外交交渉でもそうだし、外交問題について叙述する本書のような場においてもそうである。

けれども、およそ相手側との関係をしきる最終的な外交の要諦《ようてい》は、ギリギリの局面までこちらの立場を主張してみて、こちらがどうしても確保しなくてはいけない国益は何かを再吟味し、相手にとってのどうしても譲れない一線がどこにあるかを探り、その結果の「妥協点」を見出《みいだ》すことにある。祖父東郷茂徳が外交官の最終的な務めは「相手に五一を譲りこちらは四九で収める策を国内に向かって最終的に献策することにある」と言ったことは、「はじめに」で述べた通りである。そういう意味では本書は、国民一人ひとりに対し、「とりあげた問題について相手に五一を譲るとはどういうことか」を考えていただきたいという願いをこめて書いたものでもある。

繰り返しになるが、外務省を辞めてから四年がたった二〇〇六年から書きはじめた本稿は、いかなる意味でも、日本政府の考え方を代弁したものではない。一人の民間研究者の意見としてお読みいただけたら幸いである。

「非政治化」のための三つの公理

さて、領土問題と歴史認識問題の「非政治化」という視点に立ってここでとりあげた問題をもう一度整理してみたい。とりあげた問題はいずれも非常に難しい問題である。日本の外交を推進していく妨げにならないような地点まで解決をすすめるといっても、問題は多岐にわたり一遍に解決できるはずもない。これらの諸問題を解決に導く戦略、ロードマップ、見取り図が必要である。

まずはそのロードマップを作らねばならない。

作るにあたって、三つの公理を提示したい。あまりにも当たり前の公理であるが、当たり前すぎて、昨今聞いたことがない。

第一に、とりあげているのは領土問題と歴史認識問題であり、この二つは本来的にはかなり性質の違った問題である。けれども、ここでは一体として考えねばならない。なぜなら、現在の時点で、ここでとりあげている三つの領土問題（北方領土、竹島、尖閣）は、すぐれて、歴史問題としての性格を具備するに至っているからである。

第二に、にもかかわらず、歴史認識問題と、歴史問題化した領土問題との間には大きな差異がある。問題の解決は、歴史問題化した領土問題の方がはるかに難しいのである。どのような解決を見るにしても、領土問題の解決は、実務である。具体的な島の処理についての中身に入って解決しなくてはならない。生きた人間の処遇と物理的な対応を含めて考えなくてはいけない。他方、歴史認識問題は、その本質において、「ものの見方」の問題である。そうであればこそ、入り組んでしまった人間心理を解きほぐすことはかえって難しいと言う議論ができないわけではない。しかし私はそのような議論は、頭でっかちの議論だと考える。実態的な解決を必要とする領土問題が、ものの見方によって本質的な転換をなしうる歴史認識問題よりもはるかに多くの課題を抱えるということは、冷静になって考えるならほぼ自明のように自分には見える。

第三に、領土・歴史認識いずれも、日本が攻める側、つまり現状変更を求める側にいる場合と、日本が攻められる側、つまり相手が現状変更を求めている場合とに分かれる。古今の戦略論の結論は、守る方が攻める方よりも難しいということである。攻める方は特定の戦略目標をさだめ、その目標の攻略一点にすべての力を集中することができる。これに対し守る方は、相手側が何をどこまで攻撃してくるのかが基本的に解らない。従って攻める方よりもはるかに広く深く多様な準備をしておかねばならない。「守る」「攻める」は軍事戦略用語であるが、現在、抱えている問題を考えるための外交用語として十分に使える。

「非政治化」のための見取り図

以上の視点から、日本が直面する歴史認識問題と領土問題について、具体的な見取り図を描くなら、以下のようになる。

領土問題は、日本が「攻める」問題、すなわち現状変更を求めている問題と、日本が「守る」問題、すなわち相手側から現状変更を求められている問題の二つに明確に分かれる。「攻めている」問題は、北方領土問題と竹島問題である。「守っている」問題は尖閣問題である。

他方、歴史認識問題は、領土問題ほど「攻守」ははっきりしない。しかし、これまで存在してきた一定の現状に対し、日本が自分の判断で政策を変え得る問題と、相手側の要求に対してどうしても日本が対応せざるを得なくなっている問題との差異はある。そういう

日本が直面する外交問題の見取り図

	歴史認識問題	領土問題
日本が攻める	七〇周年談話 ① 靖国問題 ②	竹島問題 ④ 北方領土問題 ⑥ （対米問題）
日本が守る	慰安婦問題 ③ 徴用工問題 ⑤	尖閣問題 ⑦

帯状に並ぶ問題を、日本が比較的「攻める」つまり自分だけの判断で状況を変え得る問題順に並べれば、「七〇周年談話」「靖国」「慰安婦」「徴用工」と言う順番になる。

三つの公理に従って、とりあげやすい問題に順番をつければ以下のようになる。基本原理は、まず「歴史認識問題」から解決を図ること、及び、日本が「攻めている」問題から解決を図ることである。具体的な「見取り図」を描いてみると、当面対処可能な比較的やさしい問題と、錯綜《さくそう》する対立を解きほぐすことがさらに難しい問題との二つに分かれることがはっきり見えてくる。①から④までが、比較的やさしい問題であり、⑤から⑦までが相対的に難しい問題である。

①七〇周年談話

この原稿が書籍として発行されてから約一カ月後、安倍総理の「戦後七〇周年談話」が発出される。談話の内容は完全に日本側の判断に委ねられている。いかなる国に強制されるものでもない。これほど日本が「攻める」舞台もない。どのような内容の談話とするのが日本の国益になるかについて、筆者は、戦後日本の道徳的矜持《きょうじ》の高みを守ることが最善だと主張してきた。中国と韓国からの批判に屈するからではなく、戦後日本の魂の彷徨《ほうこう》の結果として到達したものをそのまま受け継ぐ。さらに現下の世界の心理状況を十二分に勘案し、受け手に確実に伝わる表現を選ぶ。そのことが安倍総理の世界場裏における道徳的権威と政治的な力を飛躍的に強める。結果として、九月の中国主催の太平洋戦争の終結記念行事への総理出席を通じ、否《いや》が応でも中国を和解の途に導くことになる。そのことが、以下の②から⑦の課題を遂行できるか否かの決め手になるほどに、重要なこととなる。

②靖国問題

それを基礎に、安倍総理の課題となってくるのは、歴史認識問題について長い間難問となってきた靖国問題を、すみやかに「非政治化」することである。靖国をめぐる決断は、対中国外交交渉ではなく、本質的に日本の国内問題である。だが、靖国の形如何は、結果として日中の棘《とげ》をぬく。当面これを速やかに「非政治化」し、内にあっては天皇陛下のお出ましをあおぎ、外にあっては米国と中国の代表の出席を可能とする条件をつくり、内外に対し、この問題を非政治化する具体的な跡を見せる。予期する成果は直ちにではなくとも、そこに至る行動により、「日本の安倍」は、「アジアが信頼し世界が信頼する安倍」に向かって大きく動き出す。現時点で日本が生み出した最強の「保守」のプリンスである安倍総理にして実現可能な課題である。

③慰安婦問題

おそらくはこの動きと併行的に、慰安婦問題に関する韓国との話し合いを進めることが最善である。詳述したように、慰安婦問題をめぐる日本側の誠意は、河野談話とアジア女性基金の活動を基礎に三〇年近く表明され続けてきた。痛恨の思いを持って述べるなら、日本内部の「右」からの批判と日本内部の「左」及び韓国側からの批判の挟撃にあい、これまでの日本の誠実な対応は世界に浸透しなかった。さらに、朴政権下で日本への「攻め」が強まっている。しかし、筆者は、今一度河野談話発出の時の日本側の謙虚さの精神に立ち戻り、慰安婦の方々が存命中にこの問題の棘を抜くことが日本の国益だと確信する。そのために必要な韓国側からの協力の萌芽《ほうが》が現れ始めているようにも見える。今こそ行動の時である。

④竹島問題

歴史認識問題との関連でまずは対応可能なのはここまでであり、いったん目を領土問題に移す必要がある。そこでまず考えることができるのは、竹島問題である。世間的に言われていることに反し、多数の韓国人が公に言っていることに反し、竹島問題は比較的対応しやすい問題だと考える。なぜなら、竹島問題はただ今現在の時点では、韓国にとっては歴史認識問題の最も先鋭な問題であるが、日本においてはいまだに先鋭な歴史認識問題に転化されていないからである。民間研究者間の対話から平和と協力の島としての活用に至るまで、実施可能なことはたくさんあり、かつ、その先例は日ロ領土交渉の中に探すことができるのである。

ここまでが当面実施可能な問題である。これから後の問題は非常に難しい。現在我々をとりまいている状況からすればいずれも対応困難である。しかし、①から④までの問題を

「非政治化」するまでに中国・韓国との関係が改善された状況で考えるなら、そこにまた新しい地平が開け、その新しい地平の下では、どの問題も対応不可能ではないかもしれない。

⑤徴用工問題

この問題について韓国の司法が採り始めた論理の根本は、六五年体制を作った諸条約が韓国が力をつけた以上無効となるという論理である。国際法の最低の原則を認めない司法が韓国政治の将来の基礎となるなら「もはや共通の価値を共に抱くとはいえない」との外務省の判断は、すでに外交青書の記述の中に現れている。日本企業の本件敗訴は、韓国における代表的日本企業の財産の公開没収につながりうる。そういう案件の頻発は日韓関係の基礎を崩壊させかねない。問題解決の主導権は、司法への対処を含めて主に韓国側にある。日本側にできることは事態の危険性に対する辛抱強い警戒警報の発信と、話し合いのチャネルを多様化し、対話の中から、問題解決への誠意を絶やさないことである。

⑥北方領土問題（対米問題）

さて最後に残ったのが、北方領土問題と尖閣問題である。「攻めている」のは北方領土問題であるから、まずはこちらの方からやれることをやってみる。ロシアを相手にする交渉でいえば、北方領土問題の解決案がどうしても見出せないほど事態は難しくないはずである。「四島一括」をロシアは呑《の》まないし、「二島返還のみ」では日本が呑めない。そうすると、なんらかの「二+アルファ」ということにならざるを得ない。時間とともに、その「アルファ」が小さくなっているという事態は、交渉関係者の間で理解が増えているはずである。交渉が大きな壁につきあたってしまったのは、一四年二月のウクライナ危機の爆発以降であり、この時点から、日本の交渉相手は、ロシアと言うよりも米国となった。米国を説得する立場をきちんと表明しない限り対ロ交渉の帰趨《きすう》は見えないままになる。そこを打ち破るには、暫時領土交渉は横に置き、ユーラシアの力と文明の均衡がどこに行くことが、日本にとって、アメリカにとって、G7にとって有利かと言う観点からの議論に集中しなければいけない。その議論の含意をアメリカに理解させた時点で、対ロ交渉の再起動が始まる。

⑦尖閣問題

最後に残るのは、尖閣問題である。中国公船の尖閣領海侵入を中止させない限り、日中の平和と信頼の基礎は築けない。そのために日本がきれるカードは、一九七二年から二〇一二年までの四〇年の「元現状維持」に事態を戻すことである。しかし、仮に日本政府がそこまで譲歩する名案がでてきても、中国は一二年から一五年に至る「新現状維持」を崩す可能性があるだろうか。無いかもしれない。なぜなら、力の優越という観点から見れば、あまりにも事態は中国に有利に展開しており、この有利さを崩す理由が中国にあるかが、筆者には判断がつかないからである。けれども、残り六つの課題がすべて片付いた後になお、中国は今の立場に固執するのだろうか。その問いは、そういう今の国際情勢とは随分違う事態の下でもう一度考えることにして、本書の論考はここで終えることにしたい。

世界外交へのリーダーシップ

就任二年を超える安倍外交は、国内的な支持基盤の強い、強力な外交を展開し始めたという印象を定着させつつある。安倍外交は、「日本の安倍」という印象を世界に定着させつつあると言ってもよい。

けれども、本書において述べてきたように、日本の安倍総理は、最も大切と言うべき近隣国たる中国と韓国との間に歴史認識問題と領土問題を巡って困難をかかえている。この問題に対する安倍外交のやり方は、中国と韓国との間のみならず、米国とヨーロッパの対日不信を生み出している。そういう意味で、日本は今世界の情報戦においていくつかの重大な敗北を喫しつつある。日本のマスコミはその実像を国内に伝え得ていない。

中国と韓国の日本に対する対応に、とうてい日本が受け入れられないものがあり、それには十分な根拠がある。そうであればこそ、国際世論の全面的な支持が日本に集まらないことの中に、日本外交の危機を見なければいけない。

外交は最終的に、おのれの国益を貫徹させるという意味で、勝たねばならない。それには相手国の状況と心理を知悉《ちしつ》し、世界の中における日本の立ち位置を正確に把握し、世界に相応じた力と道徳と文化を発信しなければならない。自らの信ずるところをそのまま毅《き》然《ぜん》として発信することのみをもってよしとするのは、外交の危機を悪化させる結果をまねくのみである。

もう一度謙虚に世界の大勢の議論に耳を傾け、特に米欧を始めとする世界の世論を味方につけるにはどう行動し発信すれば良いかを考えてこそ、安倍総理は、日本のリーダーから、アジアの受け入れるリーダーとなり、そこから、世界のリーダーになる。

日本人として、そういう総理の誕生を祈念する。

あとがき

本書を書くにあたって、筆者の中に、この機会に、これまで勉強し、自分がそれと共に生きてきたいくつかの問題について、どうしても今まとめておきたい、この機会にまとめておかねば、自分の人生で取り返しのつかない「やりのこし」になってしまうのではないかという怖れの気持ちがあった。

その気持ちを最も直截《ちょくせつ》にいうならば、自分にとって本稿は、自分の人生の七〇年目の視点で記した遺言のようなものと言ってもいいかもしれない。死を覚悟した文書かといえば、そういう意味で言っているのではない。今のところ元気だし、仕事についても外務省時代の一番忙しかったころと同じくらい多忙な時間を過ごさせていただいている。死と対峙《たいじ》しながら書いた文書とは程遠い。

けれども「遺言」と言うたいそうな視点を持って考えたことによって、とりあげたいテーマを速やかに整理し、未成熟な問題をバッサバッサときり、本当に発言したい問題に絞り込むことができた。

けれども、その過程で、編集者の方たちととりあげるかどうか議論し、結果としてとりあげなかった問題が二つある。

一つは、沖縄問題である。筆者の見るところ、安倍外交にとって、また、日本国民にとって、沖縄問題は極めて重要かつ難しい局面に入っている。特に、二〇一四年に行われた名護《なご》の市長選挙、知事選挙、衆議院選挙の一人区、すべてにおいて、普天間《ふてんま》基地の辺野古《へのこ》移転に反対する方々が当選した。これからの日米関係を考える時に、沖縄が日本として最も真剣に考えなくてはいけない問題になるのではないかという予感のようなものを感じた。

その予感は、京都産業大学に職をえたころから、畏友《いゆう》佐藤優《さとうまさる》氏がたくさんの場所で沖縄について書いてきたものを読む機会をもったことによって育てられてきたものだった。

同時に、一九六九年の佐藤栄作総理の訪米によって解決した沖縄の核兵器問題の処理をめぐって、佐藤総理の密使として行動した京都産業大学世界問題研究所の若泉敬《わかいずみけい》氏と、当時外務省の北米局長として表の政府間交渉の中心にいた父東郷文彦の沖縄への思いに対する関心より発するものでもあった（注1）。

けれども、この問題についてはまだまだもっと多くの勉強をしなくてはいけないと認識し、本書で取り扱うことは中止した。

もう一つは、日本国家の未来像についてである。本書を書きはじめた時、筆者はもう少し違った分野に結論の筆を運ぶことを考えていた。外交は畢竟《ひっきょう》自国の根本政策がどこを向いて何を目指しているかによってその根底が創られる。「富国強兵」「富国平和」の後に国の未来の見取り図を描き損ねている日本に大きな未来はない。もちろん、少子高齢化、財政赤字、増えつづける社会保障費のコントロール、人間を育てる労働市場など、日本が直面する問題は極めて深刻だし、それを克服すべく多くの人がたくさんのエネルギーを振り絞っているのも、間違いがない。

しかし筆者の見るところその切実な努力の多くは、起きている問題を解決する対症療法であり、本当の体力をつけるための方策ではない。本当の体力づくりを目指して、日本は何をしていくのか。〇八年、六年間の外国生活から帰国してから筆者にとってはその問題が、本書で述べた外交問題と同じくらいの関心事となってきた。最近の筆者の具体的な体験と模索の中から、最も広い意味での「富国有徳」「文化大国」の方向性を示唆したいと考えてきたが、この問題はそれ自体独立した問題として扱うべきであり、「遺言」を中心としてとりあげた本書でとりまとめるには膨大すぎると感じてすべて割愛することとした。他日また別の形でまとめる機会があることを願っている（注2）。

ともあれ、こういう形で本書をまとめることができ、この作業を勇気づけてくれた方々に心から感謝したい。

特に角川書店で、最初に本書の企画を相談し推進してくれた古里学氏、角川ｏｎｅテーマ21、および新創刊の角川新書のシリーズでとりあげることでリーダーシップをとられた原孝寿編集長、原稿作成の細部まで終始アドバイスをいただいた藏本淳氏に心からの感謝をささげたい。

注1　若泉敬・東郷文彦については拙論「沖縄の返還合意からいま何を学ぶか——東郷文彦と若泉敬の場合——」（京都産業大学法学会『産大法学』第四六巻〇四号、二〇一三年二月発行）を参照。

注2　筆者の問題意識は拙著『戦後日本が失ったもの』（角川新書、二〇一〇年）にとりまとめた。「富国有徳」にかかわる静岡県の経験については拙論「川勝静岡県知事の実践的地方創生『富国・有徳・ふじのくに』に学ぶ」（『エルネオス』二〇一五年三月号、四四～四七ページ）参照。

謝辞

第一章の記述は、最終部分を除き、岩波書店より刊行されたばかりの『岩波現代全書０６５　歴史問題ハンドブック』掲載の拙論「総説：戦争責任・戦後責任・歴史問題」を全面的に再録したものである。本拙論叙述にあたって有益なアドバイスをいただいた波多野《はたの》澄雄《すみお》先生、及び岩波書店の馬場《ばば》公彦《きみひこ》氏にこの場を借りて御礼申し上げる。

東郷和彦（とうごう・かずひこ）
京都産業大学教授。世界問題研究所所長。1945年生まれ。東京大学教養学部卒業後、外務省に入省。主にロシア関係部署を中心に勤務し、条約局長、欧亜局長、駐オランダ大使を経て2002年に退官。その後、ライデン大学、プリンストン大学、ソウル国立大学ほかで教鞭をとり、09年ライデン大学で博士号。10年より現職。11年より静岡県対外関係補佐官。著書に『歴史認識を問い直す』（角川新書）、『日本の領土問題』（角川新書、保阪正康氏との共著）など多数。

図版協力／舘山一大

危機《きき》の外交《がいこう》
首相談話《しゅしょうだんわ》、歴史認識《れきしにんしき》、領土問題《りょうどもんだい》
東郷和彦《とうごうかずひこ》

2015年 7 月 10 日　初版発行

発行者　郡司 聡
発　行　株式会社KADOKAWA
東京都千代田区富士見 2-13-3　〒 102-8177
電話　03-3238-8521（カスタマーサポート）
http://www.kadokawa.co.jp/

装 丁 者　緒方修一（ラーフイン・ワークショップ）
ロゴデザイン　good design company
印 刷 所　暁印刷
製 本 所　BBC

角川新書

ISBN978-4-04-082011-8 C0295